文學叢刊

楊華康著

談年・過年・迎新年

文史哲出版社印行

國家圖書館出版品預行編目資料

談年・過年・迎新年 / 楊華康著. -- 初版. --
臺北市：文史哲, 民 98.06
頁；公分. --（文學叢刊；218）
ISBN 978-957-549-848-1(平裝)

1. 春節 2. 年俗

538.591　　98010205

文學叢刊 218

談年・過年・迎新年

著者：楊華康
出版者：文史哲出版社
http://www.lapen.com.tw
e-mail：lapen@ms74.hinet.net
記證字號：行政院新聞局版臺業字五三三七號
發行人：彭正雄
發行所：文史哲出版社
印刷者：文史哲出版社
臺北市羅斯福路一段七十二巷四號
郵政劃撥帳號：一六一八〇一七五
電話886-2-23511028・傳真886-2-23965656

實價新臺幣三二〇元

中華民國九十八年（2009）六月初版

ISBN 978-957-549-848-1　　08218

序「過年」

楊華康

年節，在農業社會時代，是辛苦忙碌了一年之後，最期待最興奮的日子。早年農村生活勤勞節儉，種植稻麥菜果，畜養豬羊雞鴨，卻捨不得吃喝。古代賢能之士有鑑及此，逐設立敬神祭祖之典，初一、十五，端午、中秋年年節節，大典大拜，小典小祭，但唯不可或缺的是魚肉三牲。名爲敬神祭祖，實際上讓這些捨不得吃捨不得喝的可憐農、勞，有一個吃肉食魚的機會。其中尤其是送舊迎新的春節過年。

大陸各地大都四季分明，農村生活春耕夏耘秋收冬藏，忙碌的一年到了秋收後，即進入了冬休期，此時天寒地凍大雪紛飛，人們穿厚袍著重裘，完全不適合勞動，是老天放他們的「寒假」時期。時序一進入臘月（農曆十二月），就可以嗅到年的味道，民謠就唱出：「小孩小孩你別哭，過了臘八就殺豬，小孩小孩你別饞，過了臘八就是年」。而眞正的濃厚年味，是要在臘月二十三日開始，看一首河南童謠中的年景：「二十三打發灶爺上了天，二十四掃屋子，二十五揚豆腐，二十六蒸饅頭，二十七殺隻雞，二十八把麵發，二十九灌壺酒，三十晚上熬一宿，初一打躬彎腰磕個頭」。年就是這樣忙到大年夜，到了正月初一又是一個新的充滿了歡樂的氣象。

因時代的變遷，由純樸無華的農業社會，進入繁華多元的工業社會，生活形態也隨之起了變化，舊時代的年年節節，除了商業促銷製造一些話題，實際上已少有人為年節而操心，尤其是春節過年，除了買些年貨，訂幾樣年菜，或到餐廳吃喝一頓，沒有了圍爐守歲，也就失去了傳統年節的意義。而過春節充其量是有一個較長的假期，可以到國內外旅遊一番而已，拜年走春向長輩辭歲賀正的年俗，早已蕩然無存。台北街頭除了少數應景的春聯，以及電影院門口的長龍，已很難聞到年的氣息。我曾專程到上海及雲南過春節，想重溫一番童年時的年味，大陸經過十年文化大革命，人民對過年的狂熱出乎想象，鞭炮煙火響徹雲霄，喜欣狂歡幾近通宵。

早年報刊雜誌都會配合年節，刊登些應景文章。筆者大約自一九六三年開始，每逢過年幾乎都寫點有關年的應景文字，有回憶、典故、感想、述事，甚至故事等等，內心對已往的歡樂年節仍懷嚮往。塗塗寫寫算起來已有百篇以上。今承文史哲出版社彭正雄先生，在出版業極不景氣聲中，願出版此一冷門而老掉牙的文集，願為前代生活習俗留下一鱗半爪，精神令人敬佩。

二〇〇九年三月二十日於泰雅烏來文史工作室。

談年，過年，迎新年　目次

閒話過年

中華文化與春節

中國國民從民國元年廢除陰曆改用陽曆——國曆後，業已五十餘年，但每逢舊曆年民間仍然大事慶祝，因爲陰曆年在我國民族文化上佔有極大地位，在人類文化史上，曆法是一件大事情，世界上歷史上有地位的民族，都有他們的曆法。不但如此，而且在一個大民族內，各族之間也有不同的曆法，我國古代的夏、商、周三代均有他們自己的曆法，他們均採取陰曆，但周代是以陰曆十一月爲正月，商代是以陰曆十二月爲正月，夏代是以一月爲正月，三代的制度各有不同，孔子是贊成夏代的制度的，他在論語中說：「行夏之時」。我國從漢武帝起一直實行「夏曆」，以一月爲正月，直至民國。

夏曆之又稱爲陰曆者，係它以月亮的變化爲標準。一月之中分爲晦、弦、朔、望。陽曆則以地球環繞太陽爲計算標準。民國後改用世界通用之陽曆，所以又稱「舊曆」或「廢曆」，但是我國陰曆之起源爲適合農業之需要。在春、夏、秋、冬之區分或二十四個節氣的劃分。都是爲了適應農民，所以又稱「農曆」。

陽曆雖然實行了五十多年，但舊曆並未能完全廢止，這證明中國的歷史文化在中國人的社會裡是不容易除去的，尤其是鄉村間。這不是我國人民的保守，而是它確有其存在的價值，因爲農間的種植、灌溉均需要農曆來配合節氣去作業。因此政府爲了顧及社會大衆需要，除了允許印刷商將陰陽曆並印在日曆上外，更將重要節令明令改其稱謂，而使其永久存在，如舊曆新年改爲春節，立春定爲農民節，清明定爲民族掃墓節等。

過年在中國幾千年來是民間一件大事，農田業已收成，商店忙著結賬，外出謀生的人都回返家鄉。置新裝，辦年貨，尤其值得稱道的是年終時節，商家民間均將舊欠結清，該還的還，該討的討。在年終時討債被認爲理所當然的事，並不會因此而傷情感，如果你實在困難也可以避一避債主，祇要挨過了「年」，那麼第二天（年）見了面，彼此幾乎都忘了昨天討債避債的那回事，還是親親熱熱地互相恭喜拜年。這是中國人最大的美德。除夕夜一家大小團團圓圓吃一頓豐盛的年夜飯，圍爐守歲，分壓歲錢。大人小孩吃、喝、玩、樂各得其所，世界各國何處還能找到如此歡樂的景象？

中國人過年表面上是吃、喝、玩、樂。但其意義上並非如此，第一我們過年時是含有「除舊佈新」的意義，在年前家家戶戶都要來個大掃除。想當年政府並沒有規定警員及村里幹事檢查及在門框上貼「清潔」「不清潔」的紙條，但是大家照例打掃得乾乾淨淨。除夕夜人人沐浴更衣，在大陸陰曆年有的地方氣候非常寒冷，鄉村人家沐浴洗澡是件困難之事，並不像台灣每天都可以舒舒服服地洗澡。可是到了年終每個人都得將「積垢」洗淨，不希望把這些帶著過年。我們不是在新年的春聯上常見到「萬象更新」，「爆竹一聲除舊歲」等聯句嗎？這就是表示大家迎新的希望，第二是尊祖敬宗的意義。家鄉——浙江的年俗，新年客堂上一定要將祖宗的畫像掛起供以香燭鮮果，一直到正月十五日為止。正月初一清晨起床，先要到祖先的墓上去「拜坟歲」，其後再到長輩，親朋處賀正拜年。這種慎終追遠的觀念，是我國固有文化的重要部份，在過年時更表現得明顯。至於同宗族的人及親朋更要在年節時互相禮貌一番，後輩向長輩拜年，送年禮，長輩給後輩壓歲錢，平時很少往來的遠親也在這時見見面，談談各人近況，這也是我國固有文化的一部份，所以我們過年並不是個人的享受，而是注重崇德報功、敦親睦族的高尚習俗。

台灣在日本佔領時期日人為了要消除台灣同胞對祖國的緬懷，嚴禁台灣同胞過舊曆年，被查到要受處罰的，但台灣同胞在五十年的被迫生活下仍然偷偷地在舊曆年祭祖蒸粿，冒著危險渡過了五十個舊曆年，直到光復，這就是說明了文化的偉大力量。

年節典故一輯

元旦

元旦，是指一年的第一天，古時亦稱作「歲旦」，「歲首」，「歲朝」，「首祚」等等，原係指農曆正月初一，吳自牧的《夢粱錄。正月》中云：「正月朔日，謂之元旦，俗呼爲新年，一歲節序，此爲之首」，所謂朔日即農曆的初一日。民國成立後政府明定改用公曆，將農曆正月初一日改爲春節，公曆一月一日爲元旦。

由於曆法不同，古時曆代歲首日期不盡一致，如夏朝爲正月初一，商朝在十二月初一，周朝是十一月初一，秦和漢朝初年以十月初一，爲歲首，到漢武帝太初元年行「太初曆」，改以農曆正月初一爲歲首，後爲歷代所沿用。漢並正式列爲令節，舉行朝會之儀，民間亦有祭祖，尊老等風俗。而元旦一詞則據考據始於南北朝。南朝梁蕭子雲《介推》詩：「四氣新元旦，萬壽初今朝」。民間風俗亦更爲豐繁，如南朝梁宗懍《荆楚歲時記》載：「正月一日……長幼悉正衣冠，以次拜賀。進椒柏酒，飲桃湯。進屠蘇酒、膠牙餳，下五辛盤」。而且那時亦開始有年畫，爆竹等慶祝風俗了。

圍爐

守歲，是農曆過年之除夕夜，吃罷年夜飯全家男女老少，圍爐而坐，邊吃糖果糕點，或閒話舊情家事，或遊戲博彩，焚香燃燭等待新年的來到。待子夜一過家家戶戶打開大門拜祭天地，燃放爆竹迎接新的一年降臨。在台灣守歲稱爲圍爐。

守歲之俗由來已久，在南宋孟元老的《東京夢華錄・除夕》中載：「是夜，禁中爆竹山呼，聲聞於外，士庶之家，圍爐團坐，達旦不寐，謂之守歲。」蘇軾在《歲晚三首》的序文中說：「歲晚相與餽問謂『餽歲』；酒食相邀呼爲『別歲』；至除夜達旦不眠爲『守歲』，蜀之風俗如此。」

圍爐守歲除送舊迎新之外，尚有祝祈父母長壽之義。在宋陳元靚的《歲時廣記》中記《歲時雜記》所載：「癡兒騃女，多達旦不寐，俗說云：『守冬爺長命，守歲娘長命』」。《帝京歲時紀勝》中話北方俗云：「高燒銀燭，暢飲松醪，坐以待旦，名曰守歲，以兆延年」。南方的《牟平縣誌》也有「年終爲除日……子弟稱觴，爲長者壽」之記載。可見守歲具延年益壽之意。

尾 牙

尾牙，顧名思義是一年中最後的一次「牙祭」。這一個被民間特別重視的民間風俗，尤其是商家，在祭拜牙神後，必須備以豐盛的酒菜來宴請員工，一來以犒賞其一年來的辛勞，再則也藉此表達頭家對夥計們去留的意思。因此尾牙之宴並非盡歡之宴，其中包括了幾家歡樂幾家愁的滋味。

牙祭原為古時軍營中的一項祭旗制度，古時軍旗之邊緣均佈以牙飾，故稱作「牙旗」，《張衡賦》中即有「牙旗繽紛」之句。因此此項祭典亦被稱作「牙祭」。古代主帥或主將之營帳前，要升牙旗以為軍門，亦稱作牙門，如《三國志·魏志·典韋傳》中的「牙門旗長大，人莫能勝，韋一手建之」。及《後漢書·袁紹傳》中的「遂到瓚營，拔其牙門」。後來字稍有訛變，「牙門」成了同音的「衙門」，牙祭亦成了衙祭。

牙祭之日原為初一和十五，後來因為與皇帝的朔（初一）望（十五）拜祭天地宗廟衝突，於是向後挪了一天，沿用至今。

壓歲錢

除夕夜晚，全家吃過年夜飯，長輩照例要發給晚輩一分壓歲錢，用紅封袋裝的鈔票，還要放在枕頭底下，說可以去邪化吉，來年一切平安。

壓歲錢自漢魏六朝起即已有之，古時尊長在除夕夜分贈晚輩壓歲錢是用紅線穿銅錢成串，掛於小孩們胸前。清富察敦崇《燕京歲時記》所記：「以彩繩穿錢，編作龍形，置於床腳，謂之壓歲錢。」因「歲」與「崇」同音，「壓歲」即「壓崇」，故俗謂佩此錢能驅邪鎮魅。壓歲錢又稱「押歲錢」、「壓崇錢」、「壓勝錢」。如果給予的錢數與孩子歲數相同則又稱「帶歲錢」。又因爲在除夕守歲時分贈的，也被稱作「守歲錢」。而在河南地區的民間，稱身上衣袋或繫衣帶之處爲「腰」。故在河南又稱作「壓腰錢」。早年農村許多貧苦人家，孩子多發不出壓歲錢的人家，則象徵性的以其他物品替代。如山東地區的農家，以芝麻殼替代銅錢，按小孩年歲多寡，串好繫在他們身上，用芝麻殼是取「芝麻開花節節高」之吉祥意。

正月

正月，是指農曆一月，如農曆元旦稱爲正月初一，台語稱之謂「新正」，有新正年頭之語，因爲每年的第一個月被稱作正月，於是正月的第一天也名正言順地被稱作正日了，漢崔實的《四民月令》中說：「正月一日，七十二候之初，三百六旬之始，是謂正日」。

在我國古代的曆法中，每年的第一個月各個朝代有各個規定。因此正月也各有不同的時季，如古代的夏曆以孟春之月（冬至後二月，相當於今之農曆一月）爲正。殷曆則以季冬之月（冬至後一個月，相當於農曆十二月）爲正，周曆更提早到仲冬之月（包括冬至的月份，相當於農曆的十一月）爲正，而秦朝更提早到農曆十月爲一年之始。

正含改正之意，古時改朝換代，新王朝爲表示應天承運，須重定正朔。正是一年的開始，朔則爲一月之始。在《禮記・大傳》中即有「改正朔」之句，孔穎達疏曰：「正爲年始，朔爲月初。言王者得政，示從我始，改故用新」。而今天的正月是漢武帝時才確定而沿用卜來的。

春聯

春聯，又稱「春帖」，是舊曆新年（今稱春節）時，用紅氏寫成貼在大門上的聯語。是屬於對聯、門聯、對子、門帖之類。源出古代的「桃符」。早在公元九〇七—九七九之間的五代時，就有人在桃符板上題寫聯語了。《宋史・世家・西蜀》中記載，後蜀主孟昶令學士辛寅遜題桃符板的一則中，有「昶以其非工，自命筆題云：『新年納餘慶：嘉節號長春。』」這就是一般所說的中國最早的一副春聯。

撰寫春聯到宋朝時已成爲文人之間流傳的一種風氣，蘇軾的詩裡曾有「退閑擬學舊桃符」之句，可證明此一風俗的盛行。然而，有春聯這一名詞卻是始於明太祖朱元璋，據陳雲瞻著「簪雲樓雜語」記載：「帝（明太祖）都金陵，於除夕前，忽傳旨公卿士庶家、門上須加春聯一副。」據傳朱元璋曾於除夕夜便服微行，見一閹豬人家無人撰寫春聯，乃親筆賜聯一副，聯爲「雙手劈開生死路；一刀割斷是非根。」這副春聯卻成了傳世名聯。

十二生肖

古人以十二種動物，分配於十二地支，以秩輪流値年，如子鼠，丑牛，寅虎，卯兔，辰龍，巳蛇，午馬，未羊，申猴，酉雞，戌狗，亥豬。總稱十二屬。以人之生年定其所屬動物。如今歲爲乙亥年，所生孩子均屬豬。

十二生肖之由來，據清梁章鉅之《浪跡續談》卷七「十二屬」條說：「十二辰各有所屬，其說始於《論衡·物勢篇》言其十一，所缺唯龍，而《言毒篇》有『辰爲龍』，『巳爲蛇』二語，合之今說，已無參差，而統謂曰禽」。《北史》宇文護毋貽護書曰：「昔在武川鎭生汝兄弟，大者屬鼠，次者屬兔，汝身屬蛇。」另外，梁·沈炯亦有《十二屬詩》，可見該時已有屬相了。

另一由來的說法是《法苑珠林》引《大集經》說：「閻浮提外，四方海中，有十二獸，並是菩薩化導，人道初生，當菩薩住窟，即屬此獸護持，得益，故漢地十二辰依此行也。」據十二地支中子、寅、辰、午、申、戌均爲陽，故取相屬之奇數爲名。鼠、虎、龍、馬、猴、犬皆五指而馬是單蹄。丑、卯、巳、未、酉、亥均屬陰，故取牛、羊、雞、豬四爪動物，而兔雙爪，蛇雙舌均偶數也。

人日

農曆正月初七日，俗稱「人日」。此說源自古代的占卜，古人信天人感應，以新歲之第七日爲人日，視當日天候陰晴，預卜是年的凶吉。漢東方朔著《占書》內載：「歲後八日，一日雞，二日犬，三日豬，四日羊，五日牛，六日馬，七日人，八日穀。其日晴，所主之物育，陰則災。」

人日亦稱「人勝節」、「人節」、「人生日」及「七元日」。李義的《奉和日清暉閣宴群臣遇雪應制》一詩中，有「幸陪人勝節，長願奉垂衣」之句。人日到了漢魏之後，逐漸由原來的一項占卜活動發展成爲包括慶祝、祭祀等的節日。並有許多習俗，如南北朝時，當天要備七種菜餚作羹，以彩布裁剪成人形，或鏤刻金鉑爲人狀，貼在屏風，床帳或戴在頭上，以求祈福消災。南朝梁宗懍的《荆楚歲時記》中，記有是日並舉行登高，宴會，賦詩等活動。民間當天禁止食雞，官府則不處決罪犯。

另外，在清顧祿的《清嘉錄》中則有「俗有七日爲人日，八日爲穀日，九日爲天日，十日爲地日，人視此四日之陰晴，占終歲之災祥。」似乎簡略了許多。

如　意

新正年頭，大家最喜歡聽的一句祝賀語，當然是「事事如意」。如意在這裡是表示滿意、如願，想什麼就有什麼。《漢書·京房傳》中，早就有「臣疑陛下雖行此道，猶不得如意」句。如意原爲一種搔背癢之工具，亦稱「搔杖」，南方則叫它爲「不求人」，北方稱它爲「老頭樂」、「搔癢癢兒」等。用竹、玉、骨等材料製作。一端削彎成人手爪狀，一端安柄，可以隨心所欲地搔到手所搔不到的癢處，遂被稱爲「如意」。《事物異名錄》引《稗史類篇》載：「如意者，古之爪杖也。或用竹木，削作人手指爪，柄可長三尺許，或背脊有癢手不到，用以爬搔，如人之意」。

如意早在戰國時已有此物。宋高承的《事物紀念·雜物器用部·如意》記載「吳時，秣陵有掘得銅匣，開之得白玉如意，所執處皆刻螭彪蠅蟬等形。胡綜謂秦始皇東游，埋寶以當王氣，則此也。蓋如意之始，非周之舊，當戰國事爾。」如意後來亦成爲一種玩賞物。唐李賀有一首《始爲奉禮憶昌谷山居》詩中，有「向壁懸如意，當帘閱角巾」句。

世間月月有新年

陽曆新年剛過不久，陰曆年又緊跟著來臨，雖然世界上大多數國家，都以陽曆十二月三十一日爲一年的終點，翌年一月一日是新的一年開始。但是世界這麼大，各種民族分全球各地，各有各的民情風俗，故並非盡然。各個民族，各個地區依然有他們自己傳統的新年。就像我們，雖然政府早就明令採用陽曆，可是傳統的陰曆行事，依舊牢固地存在我們生活中，故此舊曆年永遠是民間最重要節慶，政府亦只好另立名目，以春節來順應民間需要，所以我們一年中就有了新舊兩個年了，記得在那裡看到過這麼一句話，說世界上月月都有人在過年。就依我們的傳統新年來說，今年是在陽曆二月四日，那麼再看看其他地區和民族，他們的新年是什麼時候？

蘇聯的俄羅斯民族的新年是每年的一月七日，比一般要遲七天，他們在這一天會升起一堆堆的篝火，大家圍著火跳古老的俄羅斯舞，作通宵達旦的狂歡，以迎接新年的來臨。當然世界上大多數國家，是在一月一日歡度他們的新年。

中國的傳統新年，農曆正月初一，都在陽曆的二月份，全世界人口最多的這支民族，在世界各地慶祝他們的新年，應該是除了陽曆元旦外，最多人歡度的一個年節。

在我國貴陽的花溪，有一支少數民族叫仡佬族的，他們的年是三月三日，這一天他們人人盛裝帶著食物到祖先的墳上祭拜，祭拜的時候要殺雞滴血酒。

泰國的新年是以佛曆爲準，佛曆的元旦是在清明後的七天，今年是四月一日，他們叫新年爲「換年頭」，新年期間相互潑水爲樂，亦即著名的「潑水節」。我國雲南泰緬邊境的傣（擺夷）族，也是這一天過新年，同樣地以潑水慶祝新年。太平洋上個屬於印尼的美麗小島峇里島，他們的新年也在四月份，大部份的人信仰興都教（印度教的旁系），因爲是依「沙卡曆」爲準，所以也叫做「沙卡年」。除夕那天是興都教徒的「靜居日」，信徒們要家裡「閉門思過」，街上空蕩無人，連來旅遊的觀光客們也都要入境隨俗，遇到這一天只好待在旅館裡不得出門，免招當地人的忌諱。

我國的傜族除夕是農曆五月廿九日，據傳傜人原來也是在十二月最後一天爲除夕的，當時他們還居住在山下平原，有一年歲暮之際，大家正準備年貨過年，突遭另一族群來侵，不但搶劫殺戮，而且還要擄人爲奴。於是全族傜人奮而抵抗，在敵人刀利人衆之下，不敵而逃入荒涼的山區躲避，在全族男女老少一路披荆斬棘，備極艱辛，最後在十萬大山中覓得一處安居之地。當一切安頓完後已經是五月尾了，這時才想起年還沒有過，於是再按照族俗祭祖拜神，同時感謝老天保佑，使劫後餘生有所安居，並讓子孫們不要忘了這場劫難，這一天就是五月廿九日，於是代代相傳，成了傜族的年了。

有趣的是非洲的烏干達人，他們在每年的雨季和旱季的開始，作爲一年的始末，在那裡每六個月就有一次旱雨季的交替，也就是說他們每六個月就是一年，他們的年大概都在我們的六月和十二月之際。

台灣的泰雅族，每年七月十五日要舉行一次盛大的豐年祭，早年的原住民並不跟著平地人過年，每年七月十五日那天，就意味著一年又過去了，所以七月十五日也就是他們的新年，族人在那天穿新衣，準備豐盛的菜餚，大缸的酒祭神並邀請親朋歡宴，度過他們快樂的年。

蘇聯的高加索地區，每年的八月下旬是他們的「蜂蜜年」，以七天的時間跳舞唱歌狂歡，來感謝上蒼和蜜蜂，使他們終年有蜜可以吃。而敘利亞人的新年是九月份第一次月亮圓的那一天，因爲九月是收成的季節，選擇這個時候來感謝天地是最適當的時際。我國另一個少數民族——侗族的新年是在十月底至十一月初，在這段時間，他們以玩龍燈、抬官人和踢毽子等活動來慶祝新年。非洲的象牙海岸過新年是每年的十二月二十日，比人家早十天。

其他更有趣的是位在太平洋上的一個叫雅浦島的居民，他們以候鳥最早飛來的一天爲新年的開始，因爲他們沒有日曆。無獨有偶的是北極的愛斯基摩人，他們是以每年下第一場雪的那天作爲新年，世界之大眞是無奇不有。

歲末話封印

民國以前，在各級衙門任官當差人員，並不像現行公務員每週上五天班，還有國定假日及特別休假等制度。大凡一年到頭極少有休假的時間。但是到了歲暮的臘月下旬開始「封印」，一直到正月中旬下了燈之後重新「開印」，有一段爲時將近一個月的漫長年假，來酬謝終年辛勞大小官員及差役。清光緒二十六年，富察敦崇所著《燕京歲時記》中有關「封印」和「開印」的二段記載：「每至十二月於十九、二十、二十一、二十二四日之內，由欽天監選擇吉期照例封印，頒示天下一體遵行，封印之日各部院掌印官員，必應邀請同僚歡聚暢飲，以酬一歲之勞，故每當封印已畢，萬騎齊發，前門一帶擁擠非常。園館居樓均無隙地矣。封印之後乞丐無賴攫貨於市肆之間，毫無顧忌，蓋謂官不辦事也，亦惡俗也。」以上是有關「封印」的記載。關於「開印」部份爲：「開印之期，大約於十九、二十、二十一三日內，由欽天監選擇吉日超時，先行知照朝服，行禮開印之後則照常辦事矣。」

從以上二段記載中，我們可以知道無論「封印」和「開印」，都由朝廷（中央）在一定的範圍內，擇定吉日吉時，然後「頒示天下一體遵行」。所以全國放年假的起訖日期雖然並不固定那一天，但是施行時還是統一的，而且「封印」之日，各部門的掌印主管都會邀請部屬歡宴暢飲「以酬一歲之勞」。而此時「萬騎齊發」，前門一帶的「園館居樓均無隙地」的盛況，全國各城市當然也不會例外。

各個衙門的大印和現在各級機關使用的關防圖記一樣，是由上級有關部門頒發，所以大印亦即代表朝廷（政府），有其尊嚴和權威，均有監印官專司保管用印之責。平時都放置在一個特製的木匣中，不容稍有疏忽。「封印」之日循例要擺上香案，將印供奉上桌，經過跪拜儀式，然後以一塊杏黃錦緞包妥，最後在燃放鞭炮聲中結束，以示尊重國家典制。

在「封印」儀式中，擔任監印官的必須包裹印匣的黃緞，以活結繫緊。這個活結稱作「印結」。當年擔任監印官者，必須學會打「印結」的技巧。標準的「印結」要打得緊實妥貼，不會輕易鬆散。但是在「開印」時又必須用一手在一提一抖之間能立即解開。據說「印結」不能使用雙手來解，更不允許被拉扯成「死結」。「死」是國人最大的忌諱，何況是新正年頭。當時的官場還有一個迷信，認爲在「開印」時，如果「印結」不能順利打開，或被糾纏成死結，是極爲不吉利的，也是衙門中諸事不順，對外行文會遭遇諸多阻繞難行的預兆。所以在「開印」典禮時監印官手法靈巧，一揪一抖之間印結很漂亮地鬆開，必然會贏得滿堂喝采，而且也會獲得長官一份豐厚的賞金。這是極爲光彩的。

在《燕京歲時記》中說「封印之後乞丐無攫貨於市肆之間，毫無顧忌，蓋謂官不辦事也，亦惡俗也。」在這段記載中，我們可以瞭解當「封印」之後，官衙中連維持治安的人員似乎也能放下了工作，去歡渡他們的年節了。比之當今，每逢例假節慶治安人員全部取消休假的情況，要輕鬆得多了，但是對整個社會來說，宵小群出毫無顧忌地「攫貨於市」，嚴重影響社會安寧，難怪富察敦崇要把年節期間「封印」放假視作「惡俗」了。雖然官衙在「封印」之後已停止一切公務，但還是有留守值班人員，並且事先準備以空白公文用紙，加蓋「頂留公文」之小木戳。萬一遇到十萬火急刻不容緩的緊急重大事件，經稟承堂官後，可以權宜行文，待「開印」之後，再補辦正式公文。

賀年片與拜年帖

賀年片早年稱為「拜年帖」或「門狀」、「飛帖」等，源自我國古時的交際應酬時用的「名刺」、「名帖」和「門狀」。「名刺」又名「謁」，就是現在的普遍使用的名片。日語和台語至今側用古名「名刺」稱名片。早在南宋周密寫的「癸辛雜識」中，就有記載宋代已形成新年投送「拜年帖」的習俗，記載中亦稱「送門狀」和「送飛帖」。另周輝的「清波雜志」亦有記載「元祐間新正賀節，有持門狀遣僕代往」之語。到了明代新年此風已漸盛，明陸容的「菽園雜記」，陳士元的「俚語解‧拜年」均記載有明時正月初的京師，士庶各拜親友，朝官往來不問識與不識，皆望門投刺，亦有不下馬或不至其門而令人送名帖者。到了清代似乎投拜年帖之風更盛，清顧張思在「土風綠」卷一中有拜年詩曰：「不求見面惟通謁，名紙朝來滿敝廬」。

最初，賀年卡多以梅花箋紙裁製，大小約二寸寬三寸長，上端書受片人之名，下端書拜（賀）年者姓名，中間書寫一些吉祥語或賀詞，民國以後歐風東漸，賀年片也仿照西洋人的聖誕卡樣式，許多還中西合璧，既有賀聖誕快樂字句，也帶上恭賀新禧，一物二用一舉二得。

現在的賀年卡花樣越來越多，立體的、有聲的，日本及大陸郵局發行的賀年明信片，還打上號碼，可以對獎呢！眞是不一而足，每當時序近年，各大小書局文具店就擺上五光十彩的賀年卡，使人目不暇給。而郵局也特別忙碌起來，一般平常很少連絡的親友，藉一張薄薄的賀卡，既可報個平安，也眞禮貌週全了，卡雖薄小意義及作用卻很大呢。

春節名稱知多少

大家都知道春節就是舊曆新年，台語稱作「新正」。中國人的元旦自古就是農曆的正月初一，自從民國成立後，改採陽曆，陽曆的一月一日就成了元旦，舊曆新年改稱爲春節，一直沿用至今，然而古時對新年除了元旦、新正以外尚有許多不同的稱謂，如：

開歲：漢馮衍《顯誌賦》記載：「開歲發春分，萬卉含英」。

開正：福建、台灣等地的稱謂，施緝亭的《廈門歲時風俗瑣記》記述元旦說：「天未破曉，爆竹之聲，即盛閭巷，俗名開正。」

元辰：是古時的稱謂，《太平御覽》卷二十九錄晉庾闡《揚都賦》：「歲惟元辰，陰陽代紀，履端歸餘，三朝告始。」

元會：原是指元旦皇帝召見群臣的朝會，後亦廣泛用於指稱新年，《後漢書，陳禪傳》中有「明年元會，作之於庭。」句，唐李建勳的《和元宗元日大雪登樓》詩中，有「紛紛忽降當元會，著物輕明似月華。」句：

元朔：也是古時稱謂，唐德宗的《元日退朝觀軍仗歸營》一詩中，曾有「獻歲視元朔，萬方咸在庭。」句。

元正：漢馮衍的《顯誌賦》中記載：「銘元正上日，百福孔靈。」晉傳充妻辛氏的《元正》詩中也有「元正啓令節，嘉慶肇自茲。」之句。漢魏六朝時均稱新年爲元正。

正日：漢崔實著《四民月令》記載：「正月一日，七十二候之初，三百六旬之始，是謂正日」。

正元：唐杜審言《守歲侍宴應制詩》中，有「欲向正元歌萬壽，暫留歡賞寄春前。」之句。

正旦：也稱「正旦節」，《例子．說符》：「簡子曰：正旦放生，示有恩也。」明劉若愚的《酌中心略》記。「正月初一日正旦節」。

正朔：孔穎達疏：「正謂年始，朔謂月初。」正朔即一年的第一天。古時改朝換代，新王朝「應天承運」，須重定「正朔」。

正朝：《孔叢子》內有「子順曰：正朝放之，示有生也。」古時元旦都有放生之風俗。

三元：正月初一爲年、月、日之始，故亦稱爲「三元」。《玉燭寶典》載「正月爲端月，其一日爲元日……亦云三日。」注：「歲之元、月之元、日之元」。

三正：古時原指夏以孟春爲正朔，稱人正：殷以季冬爲正朔，稱地正，周以仲冬爲正朔，稱天正，後乃統稱正月初一爲三正，晉張華《食舉東西廂樂》有「三正元辰」之記載。

三始：《漢書・鮑宣傳》中有「今日蝕三始」之句，並注引如淳曰：「正月一日爲歲之朝、月之朝、日之朝：始猶朝也。」所以三始又稱「三朝」，後稱元旦爲之始。

三朔，夏時以平明爲朔，殷時則以雞鳴爲朔，周時又以半夜爲朔，朔亦即月之初，故稱元旦爲三朔。

四始：在《漢書》中曾稱正月初一爲「四始」，意爲歲之始、時之始、日之始、月之始也。

春節名稱自古以來各有不同之稱法，除上之外尚有「元日」、「開春」、「歲元」、「歲旦」等等，限於篇幅未能一一詳述下。

年關話避債

「正月好熬，臘月難過，東家藏藏，西家躲躲，債主逮住，渾身哆嗦，還不了本，得給利息，一畝半地，兩條布衫，不夠還本。搭上利錢，孩子沒吃，老婆沒穿。債主過年，喜喜歡歡，咱們過年，叫苦連天。」

這是描寫過年時節貧窮人家欠了一屁股債，躲躲藏藏避免債主逼債的一首民謠，從歌詞中我們可以看出窮人過年的困苦，雖然有些誇大其詞，然而的確早年的農業社會中，存在著許多貧富不均的現象，無論是勞動階層和商賈行販，或是一般嗜酒愛賭游手好閒之徒，借貸、貸款、賒欠和賭債等等，平時大家都好商量，但是一旦年關接近債主們卻個個都會不顧情面，催逼一陣緊過一陣，這雖然不是法令規律所訂定，但是中國千百年延行的古老民俗約定，任誰都無法去破除，當然這也是一件善意的約束，讓借貸雙方都有一個期限性的無形約束。

所以記得早年年關一近，大街小巷就出現了一些帶著賬册借據以及算盤的討債群，尤其一到除夕那天，甚至到了天黑夜晚，他們還是提著燈籠，匆匆忙忙到他們有債務關係的人家，挨家挨戶去催討。這是早年過年時的一個特殊景觀，現在債信關係已隨時代的變化而有所變化，而且自農業社會改變爲工業社會後，人情味已經逐漸淡化，欠債不還可以立即公堂相見，還可以請道上兄弟出面，除非你一走了之到國外做寓公去，不然就有得麻煩，因此連「討債公司」這種行業都應運而生了，要債也就不必非等到過年了。

年的腳步又近了，不禁想起一句古老的年諺「送信的臘八粥，要命的關東糖」，意思是說到了十二月吃臘八粥，背負債務者已經感覺到一股沈重的償還債務壓力，一到送灶供奉關東糖的時候，債主的腳步已臨近大門，如果沒有足夠的財力償還，眞的會被逼得走投無路。據說要債的經常提著一盞燈籠，在年三十夜還不願放棄，因爲我國的習俗，雖然在要債的時候，雙方會拉下臉皮，大聲小聲地使出混身解數，一個逼一個拖，只要拖過午夜子時，鄰居迎神賀新的鞭炮聲一響，彼此立即前嫌盡釋，互道新年恭喜，惡來好散絕口不提債務這一檔事了，這也是國人人情味極濃的可愛之處。

在另一方面，有些地方的風俗是債主手上的燈籠未熄，就是過了午夜子時，還不能算已進入了第二天的正月初一，所以有些要債的往往會準備一隻寫著商號名稱的大燈籠，裡面點著一支特大號的蠟燭，一直要討到天快亮才甘願。這就害死了還不起債的人，只好到街上去避債，只要不被債主碰到，一到天亮亦就渡過了一關。因此有許多地方在除夕夜晚，由地方人士出錢，請一班戲班子，在空曠野地唱一台通宵戲，讓不敢回家的避債人，可以躲在人群中，看上一夜戲避過此一難關，這種戲也就被稱作「避債戲」，台灣早年各地在除夕夜都會搭台演唱這種供人避債的野台戲，可以說是另一種人情味極濃的可愛年俗。當然在社會形態的改變下，這種戲已無實際的需要，自然消跡了。

看古人過新年

過新年是我國民俗節慶中，最被重視也最具歷史的節日，而歡樂慶賀之情也屢見於古籍中，如《詩經・豳風・七月》中即有記載先秦時代，元旦宮廷有祭祀、宴飲之儀，民間則也已有喝春酒之風俗了，漢武帝初元年頒行《太初曆》，將原來並不統一的歲首年始，明定於夏曆正月初一，並正式列爲令節，宮廷並舉行新年朝會之儀，民間亦有祭祖、尊老等風俗，古時大家是怎樣過新年的，我們從古籍中來看看。

東漢的崔實在《四民月令》中告訴我們說：「正月之朔，是爲正日。躬率妻孥，潔祀祖禰。及祀日，進酒降神畢，乃家至尊，無大無小，以次列於先祖之前，子婦曾孫，各上椒酒於家長，稱觴舉壽，欣欣如也。」祭祖拜神，飲酒慶壽，一家團圓，眞是個欣欣之年。文中之椒酒，亦稱「椒觴」，「椒柏酒」或「椒花酒」，是用花椒子和柏葉浸製的，古年俗中皆以此酒爲長輩祝長壽賀正。

南朝梁宗懍著的《荊楚歲時記》中記載：「正月一日……長幼悉正衣冠，以次拜賀，進椒伯酒，飲桃湯，進屠蘇酒，膠牙餳，下五辛盤」。這裡可看到過新年在飲食方面是很講究的，文中的桃湯是古代流行於長江中游地區的年食，用桃樹的葉、枝、莖熬製而成。古人咸認食之能驅鬼僻邪。爲吉利年食。而五辛盤則是一個盤中盛裝著五樣辛辣之菜，亦爲祝嘏拜壽之吉利菜餚之一。膠牙是麥芽糖。到了那時，新年的活動項目多了起來，如畫雞、燃爆竹、懸索、乞如願等等，都是當時新年的風俗。

唐宋以後新年的活動更多采多姿了，在南宋吳自牧的《夢粱錄》中說：「正月朔日，謂之元旦，俗呼新年。歲節序，此爲之首。」在這裡新年已有元旦的稱謂，而且民間也有了拜年、飛帖、宴飲、玩賞等活動，氣氛更趨勢鬧了。宋施宿的《嘉泰會稽志》中描述過新年的情況：「元旦男女夙興，家主設酒果以奠，男女序拜，竣乃盛服，詣親屬賀，設酒食相款，曰歲假，凡五日畢。」這時的新年活動，要連續忙五天之久了。

明代的民間在新年的風俗更繁豐了，據古籍記載，他們一早起來先吃一頓寓有年年高彩頭的黍糕。然後設奠於祠堂祭拜祖先，再向家中的長輩拜年賀正，然後往親友家中投箋互相拜節，與親友鄰居共飲椒柏酒。屋裡掛「旺柏」、「行春」、「節節高」、「百事吉」等喜慶吉利年飾。到了清代，在潘榮陛著的《帝京歲時紀勝‧元旦》篇中記述「士民之家，新家冠，肅珮帶，祀神祀祖，楚楮帛畢，味爽闔家團拜，獻椒盤，斟柏酒，飫蒸糕，呷粉羹」。另富察敦崇的《燕京歲時紀‧元旦》中說，「京師謂元旦爲大年初一，每屆初一於子初後焚香接神，燃爆竹以致敬，連霄達巷絡繹不休，接神之後，自王公以及百官，均應入朝朝賀，朝賀以畢，走謁親友，謂之道新喜。親者登堂，疏者投刺而已，貂裘蟒服，道路紛馳，眞有車如流水馬如龍之盛，誠太平之景象也，是日無論貧富貴賤皆以白麵作角而食之，謂之煮餑餑，舉國皆然，無不同也。」以上二則記述我們可以看到清代民間和京師之新年盛況。當然還有許多活動如迎喜、參藥廟、謁影堂等等，沒有被提及。

民國以後的新年依舊是很熱鬧的，諸如喝春酒、吃年糕，放爆竹、舞龍舞獅等民間活動，點綴出新年的快樂氣氛。可惜近年來，因爲工業社會都市型生活下，年的氣氛已逐漸淡去了。

臘鼓頻催憶送竈

一入臘月，在早年的農業社會裡，就已經揭開了過年的序幕。記得小時候有一首童謠是這樣唱的：「小孩小孩不要饞，過了臘八就是年」。的確在喝過稠稠甜甜的臘八粥，家家戶戶就開始忙著準備過年了。蒸年糕、醃肉、大掃除、縫新衣，眞個是忙得不亦樂乎。

而被稱作小年的「送竈」一到，意味著年關的腳步更近了。把「竈王爺」送上天，是算過年的前奏吧！我們也可以在另一首民謠中體會當時過年的歡愉，「祭竈祭竈新年來到，老頭子過來要毡帽，老婆子過來要裹腳，小淘氣過來要花炮」。因爲祭竈要供豐盛的牲禮、各式甜點，祭拜過後家人就可以大快朶頤一番。所以是個名副其實的小年。

我國幅員遼闊，雖然年節行事習俗大致相同，但是天南地北還是有各個不同的傳統方式。因此全國各地在祭竈這一年俗，也就有許許多多大同而小異的情趣了。可惜現在生活習慣已經隨著時代的進步而變遷。現代歐式廚房設備，早已無「竈王爺」的棲身之所。當然也再見不到「竈王爺」的蹤跡了。祭竈送竈這一行之千百年的年俗，也在無形中消滅了。每當臘鼓頻催天寒歲暮時，回憶童年的年景，不禁黯然。

記得剛到台灣時，棲身山村，淳厚樸的民風習俗，並不因被異族統治數十年而有所改變。那年年節將近，村民們開始爲迎接新年而忙碌了起來，磨粉、蒸甜粿、大掃除，與家鄉並沒有多大差別。

在山村的年節裡，給我留下印象最深的是二十四日的祭竈了。台灣古老的傳說「竈君」是「天公」（也就是玉皇帝）派駐在每一個家庭的「家宅之神」。每年此時必須回返天庭，向天公述職。將他駐在的這一家一年中善惡功過，向天公稟報，善者降福惡則受懲。因此大家都希望「竈君」能在天公面前多美言幾句，實現他們「上天奏好事，下界保平安」的願望，所以祭拜時除了豐盛的各式各樣一般的祭品外，必須另備極富黏性的甜食，要把「竈君」的嘴給黏起來，不讓祂在天公前面多嘴，如果非說不可時，也讓祂說些「甜言蜜語」，在天公前面建立個好的形象，給一家大小帶來平安多福。

記得小時候在家鄉祭竈，甜食是用糯米甜湯圓，外加麥芽糖，但在北方都是用關東糖和糖瓜，另備黃麵烙餅。關東糖也就是麥芽糖，因爲盛產於關東故有此稱。糖瓜則爲糖做成的瓜型的供品，其用意都不外乎甜與黏，但是那年我在山村見到的祭竈，卻是別具風味的。那就是在祭拜過後，在神龕中請下被油煙燻得焦黑的竈神畫像，然後由祭者用一塊肥豬肉在竈神嘴上擦抹一下，再將酒潑灑在祂臉上，才和紙碼、神轎、神馬一起焚燒。讓竈神到了天公座前，滿嘴油膩膩地還透著一身酒香，可證明這家人並未虧待他們的「家宅之神」。這種看來有些自我安慰的迷信行爲，也充分表現出農村莊稼之只求平安過日與世無爭的淳厚民風。

「竈腳」仍在，竈神已無可送接了。年還在過，但心中卻滋生了一股「王小二」的滋味。

祭竈與送竈謠

雖然在今天的工業社會形態下，年的氣氛逐漸淡去。但是每年時序一進入農曆臘月，依然會讓人意味著年的腳步又近了。尤其是各種商品市場，爲了達到促銷目的所營造的濃濃年味，似乎在告訴我們，這個相傳數千年中國人最重視的節慶，是永遠不可能消失的。然而比起早年農業社會的繁文習俗，今天的過年要簡單得多了，因爲許許多多的年俗，已經因生活習慣的改變而自然消失了。其中最顯殊的是從前的灶變成今天的流理台，灶王爺神位不見，每年十二月二十三日的「送灶」，也大都不不再舉行了。雖然還有些人家到這一天，仍舊在舉行祭拜，但大多數只是一般的祭拜，已不特別強調「送灶」了。

相傳灶神是天公（玉皇大帝）派駐在每一個家庭的「家宅之神」，一年三百六十天與這家人日夜相處，所以家裡大小事情都逃不出祂的法眼監視，而每到歲末年終祂老人家必須回又天庭一次，向天公述職。稟報這家人的善惡勤情，作爲天公賜福降罪的依據，因此大家都希望祂能在天公面前多講些好話。使未來一年得到更多的庇佑和恩賜。所以在祭拜時除了一般祭品，還要特別準備一些帶黏性的甜食和送祂上天庭的神轎、神馬。這種向神明善意行賄的心態，無非是想求得「上天奏好事，下界保平安」的目的。

記得小時候每逢年節，大人們都會教孩子們一些有關的歌謠，這些描述古老年俗節慶的口傳民間俗文學，對某些行將消失的年節習俗，特別珍貴，從下面這些歌謠中，我們可以體會到早年祭灶送灶的一些風俗習慣。

二枝蠟
一股香
二十三日祭灶王
一碟兒草料一碗水，
潑在地下上天堂。
當家的過來把頭叩，
三聲爆竹響叮噹，
灶王爺回來吧，
給你留著關東糖。

這是一首北京祭灶謠，在這裡我們可以看到北京人祭灶的特別祭品，如給神馬吃的草料、水和北方的關東糖。

張灶王、李灶王

上天朝玉皇
好話多說，歹話多藏。
明年多帶五穀雜糧。

這首祭灶謠也是華北地區的，一般是在祭灶時一邊燒祭品一邊誦唸的。這裡除了請灶王「好話多說，歹話多藏」外，還要求祂「明年多帶五穀雜糧」，祈求豐收好年冬，如果這家人家剛娶新媳婦就會把最後一句改爲「明年多帶個胖娃娃」。在這裡的灶王爺不但要管農作，而且還兼充送子爺爺。

祭灶祭葫蘆
灶公灶媽照顧奴
元寶是奴拍
丁庫是奴糊
灶公上天講好話
灶媽落地保護奴
保護奴爺有錢賺
保護奴奶福壽長
保護奴弟討弟人

保護奴嫂半夜腹老疼
臨盆生個胖娃娃

以上是一首福建民謠，內容透過唱者爲全家人祈求灶神賜福，但這裡的灶神是一對公婆。而有趣的是最後還祈求灶神保護他的弟弟娶個老婆，嫂嫂生個胖娃娃，灶神眞個是無所不管了。

灶王爺
本姓張
一碗涼水
三炷香
今年小子混的苦
明年再吃關東糖

灶王爺是否姓張，傳說不一，但這首童謠帶著極度的幽默和自嘲，「一碗涼水，三炷香」的確是寒酸了些，因爲今年「混得苦」，連關東糖都沒有，只好祈求灶王爺可憐，讓他明年混得好些，再請祂吃關東糖了。

在北方某些地區祭灶神時要唱一種「送灶曲」，把早年送灶的情景和心態，描述得極爲生動，讀之令人絕倒。曲曰：「臘月二十三，呀呀喲，家家祭灶，送神上天，說的是人間善言。一張方桌擺灶前，千隻元寶掛二邊，清茶淨水，草料俱全，糖果子，糖餅子，正素二盤。當家跪倒，手捧香煙，一不求富貴，二不求吃穿，好事兒替我多說，惡事兒替我隱瞞。」此曲唱完，祭者（即當家，祭灶規定要男主人，婦女均要迴避的）即用手蘸黏黏的糖水往灶神的口上塗抹一番，口中還要繼續唸唸有詞地說：「好的多說，不好少說，辛甘臭辣，灶君莫說。」在這裡我們可以看出一種藉著神明來掩遮醜惡、自欺欺人的人性矛盾。祭神拜佛原是求個心靈的平安，祭灶當然也不例外。

祭竈祭竈新年來到，
老頭子過來要毡帽，
老婆子過來要裹腳，
小淘氣過來要花炮。

這是北京的一首祭竈童謠，祭灶俗稱過小年，每年臘月二十三日是灶神上天述職的日子，早年於這一天大家都非常重視的，雖然今天因時代的變遷，物質文明的進步，一般家庭的廚房早已由瓦斯爐替代了傳統式的灶。但是鄉野農村還是有很多人在這一天隆重地祭拜灶神的。這一天的祭拜也意味著拉開了過大年的序幕。上面那時民謠中就可以體味出這份年的味道。

關於過年的童謠各地都有，但關於祭灶的卻不多，但在過年的童謠中多少會提到些，如遼陽的這首童謠：

二十三灶上天
二十四寫大字
二十五做豆腐
二十六吃年豬
二十七殺年雞
二十八把麵發
二十九去油
三十磕頭

關於灶王爺是否姓張，雖然傳說不一，但和台灣傳說中的灶君姓張名隗，字子郭，生得很英俊，本爲天宮官吏，因好色而被王母娘娘謫爲灶神一說，不謀而合。

最後以一曲故宮藏本大鼓書中的祭灶俚曲作結束，祈求灶王降福給所有讀者諸君。

年年有個家家忙，
二十三日祭灶王，
當中擺上一棹供，
那邊配上二碟糖；
黑豆乾伴一碗水，

爐內焚上一股香，
當家的過來忙祝贊，
祝贊那灶王老爺降了吉祥。

尾牙與忘年會

台灣習俗每逢農曆初二、十六均須祭拜神祇，稱爲「做牙」。十二月十六日爲一年最後一次祭拜，故稱作「尾牙」。「尾牙」一過年關逼近，無論士農工商都忙著準備過年了。所以「尾牙」也是過年的序幕。

相傳初二、十六做「牙」始於宋代，當初只有在官府衙門中行之。後來漸漸傳到商場中成了一種風俗，據古人的筆記記載：「城鄉商店，每逢初二及十六，必須白肉黃雞以祭神。祭畢，衆伴享之謂之做牙。其生意少者亦必具肉，大率比平常加倍。至於泥水、做木、打石三行，則每月四牙，初九、廿三日亦爲牙期。蓋工商勤儉，魚肉多不甚豐，藉此以謀甘旨，所謂憑神謀食者是也。」在這則記載中，我們可以看出古時工商業者都很勤儉，不像現今的生意人，動輒大魚大肉一擲萬金的奢侈浪費：所以做牙也有藉祭神而鼓勵適時加菜打打牙祭之意。文中「祭畢，衆伴享之」，就是要老闆對夥計們在年尾表示一番慰勞。

另一傳說農曆二月二日是鄉里最崇敬的土地公生日，是日家家戶戶，皆準備豐盛牲醴，燃爆竹及演戲祭祀祝壽。日人初主台時曾修安平縣志云「二月二日，各街境里堡，爲當今土地公壽。是日，各商業競備牲醴在家慶祝，僱工皆饗酒肉，名曰『做頭牙』。十二月十六日名曰『造尾牙』，凡商業雇工任其豪飲盡醉。」

尾牙那天在習俗上還要吃「潤餅」和「刈包」。「潤餅」狀如春捲，就差不經過油炸而已，薄薄的「潤餅皮」包捲著以綠豆芽、紅蘿蔔絲、肉絲、干絲等拌和著的餡。「潤」是利潤之意。吃「潤餅」象徵家業富潤。「刈包」是將半月形的薄饅頭從中割開（「刈」就是割），然後將滷肉、鹹菜、花生麩等作料夾著吃。「刈包」形如錢包，取其財源旺盛之意。台諺有「吃刈包，包金包銀包賺錢」之說。

其實「尾牙」盛行於商界，主要的目的除了酬神祈福外，說句現代詞是「勞資歡聚」一番，當老闆的對終年辛勞的員工，作一次宣慰酬謝，是一樁不能欠缺的年俗，俗語說「尾牙香香，食無弄店窗」。意思是說再吝嗇的老闆也不可省略這一頓，不然夥計們一氣就會打爛店窗來出氣的。

「吃尾牙面憂憂，食頭撚嘴鬚。」從這句台諺中，我們可以體會到「尾牙」雖然大魚大肉，但並不怎麼「好」吃。在台灣大小宴席都少不了一盤白斬雞，「雞」「家」同音，吃雞叫做「起家」，有家業興旺之意。但是「尾牙」時這盤雞肉卻大有學問。因爲早年老闆要解僱某位員工，比較講究人情味，除了僱主不正面給予辭退外，並且也要等到一年完後才表示。傳統的做法是以這盤雞的頭來暗示，雞頭對向誰，誰就心裡有數，自動請辭免得傷了和氣。

所以在吃尾牙前往往會使人提心吊膽的，當然見頭尾時已經大事已定，吃得舒服了，一般老闆沒有辭退員工之意時，就會將雞頭朝天，那麼就皆大歡喜，這頓「尾牙」宴也更吃得大家津津有味了。

目前做「尾牙」的年俗依然存在，但是在大企業中，吃「尾牙」之風已由「忘年會」來取代，「忘年會」源自日本商界，「忘年」之名甚佳，尤其對上了些年紀的人，過年是一件傷感的事，大吃一頓酒醉飯飽後，「忘」了又將過年這檔子事，豈非快事。

一個終生難忘的年

每當寒風凜冽，歲暮冬殘的時即，遙望隱隱約約的遠山，就會想起很久很久以前，在深山叢林中那頓孤寂無奈，卻又充滿了戲劇性的歡樂年夜飯。

記得那時候我還是一個二十剛出頭的大孩子，但卻已經單槍匹馬地離鄉背井，流浪到了台灣來了。好不容易找到了一份工作，卻被派到一個林班的伐木區中，整年在深山中與一群伐木工人爲伍。伐木區雖然遠離城市，但因爲工人衆多，寮舍零落地散置在山坡間，加上管理單位、包商業者、供應站福利社、食堂澡堂等等，形成了一個小小的社區，收工入夜後也蠻熱鬧的；但是一到年節這裡的那份盛況就暫時消失了。出門在外的勞動者最注重年節，尾牙一過都收拾行囊，下山返鄉與家人歡度年節去了，這時候的山場又恢復了山林應有的那份寧靜；但是這份突然出現的寧靜，會使人感到絲絲的寂寞。

過年，本來是國人一年中最重大的節慶，只要一入臘月，大家都忙碌著以歡樂的心情準備過年了。可是對於一個有家歸不得的異鄉遊子來說，卻是一年中最難過的時日，所謂「每逢佳節倍思親」，這時鄉愁感懷一起湧上心頭，哪有歡樂可言。往年都會有些好心的同事，熱誠地邀請我下山和他們的家人共進年夜飯，以慰遊子之心。但是在我心中總會有著一層被同情憐憫的陰影，沖淡了年節的歡欣，何況過年時又不能太打擾人家。早年的城市除了幾家設備簡陋的電影院，實在找不到更好的消磨時間的場所，呼吆喝盧，飲酒猜拳都非我之所好，於是年夜飯後也只好窩在小旅館裡發呆（那時還沒有電視）。而更使人傷腦筋的是第二天正月初一，連吃都發生了問題。說起來大家可能不會相信，難道在新年裡，還愁沒有吃的？的確這是事實，因爲各行各業，在忙了一整年之後，春節是他們難得的假期，老闆伙計都要休息，於是排門一上，一張「恭賀新禧」的紅聯一貼，就告訴你這幾天不做生意了，因此有時候跑了好幾條街還見不到一個麵攤飯舖之類的。這時眞會後悔下山來自尋苦惱；但是山寮裡連煮飯的歐巴桑（老太太）都回家過年去了，留在山裡好幾天的假期又如何去度過呢？

又是一個年關逼近了，吃過尾牙後，眼看工人們又挑起行囊紛紛下山，心中泛升起一股隱隱的憂慮。下山？還是去買點菜留在山上？正在猶豫之際，有一位伐木包商跑來找我，要我介紹一個可靠的人給他們「顧寮」。所謂「顧寮」就是在春節期間，大伙兒都下山了，要留個人看守。雖然山區工寮無什麼値錢的東西，但是，爲供應人工們生活必需品的福利社、供應站裡還是有些存貨的；又何況辦公室裡還有賬册單據等等事務用品，萬一宵小歹人乘虛而入，以及獵人原住民升火取暖不愼引起火災等，不得不予顧慮。因此山場作業工寮是不允許「放空營」的。往年這個任務都是在他們自己的員工中挑選的，這年正好該區林班作業已近尾聲，尾牙以後多數員工都已遣散了，所以想在其他林班中找個可靠而願意留守的人。這是一個難得的機會，我就毛遂自荐，願意留在山上替他們「顧寮」；當然商人是求之不得，感激不盡的。

包商在臨下山前，意外地給了我一個豐厚的大紅包作壓歲錢；當然他知道我不會向他們計較代價，所以一個紅包既算年俗禮節，也可免去欠上一筆人情債。另外他們也採購了雞鴨魚肉等豐盛的年菜，名義上是祭拜山神土地，實際上也是給我留著享用的。

除夕那天，最後一批人在拜完神燒完香後也下山了。這時我頓覺這座山似乎是我一人所有，但也感受到此刻山林中是難得的一片寂靜，平日的鋸聲、斧聲、倒木聲統統沒有了，偶爾傳進耳朵裡的卻是風聲和鳥聲。徘徊山徑，眼前卻是一片狼藉的伐木跡地，殘枝倒木滿地瘡痍。整年生活在伐木區的我，竟然到今天才發現人類竟自私殘忍到如此程度。面對群山心中泛起無限歉疚，如果斧斤不入山林，大地應該會更美麗的，我想。

當天邊出現了三、兩歸鳥，暮靄漸漸罩向山巒時，我回到寮裡，燃起一盞電石瓦斯燈，隨手扭開乾電池收音機，一陣傳統的鑼鼓喧鬧聲立即給這片寂靜的山區，增添了一份過年的氣息。在土竈上把那些雞鴨魚肉等年菜溫熱一下，開了一瓶紅露酒，準備獨酌淺飲，享受這頓孤寂淒清的年夜飯。

突然，工寮外面傳來一陣腳步聲，正驚訝這時刻深山中怎麼還會有人？眼前已出現了三、四個身材粗壯的大漢。只見他們背著籐編的籃筐手牽著狗，心中的疑惑已經一掃而光；因爲在這個山區裡，千百年來到處都佈滿了他們的足印，他們才是這裡的主人，這片森林曾經是屬於他們祖先所擁有。倒是他們見到我一個人獨留山寮，臉上露出微微的詫異。雖然我們彼此並不認識；但我知道他們是對面山岙裡那個部落裡的原住民，他們也知道我是山林工作站的員工。他們一身破舊的衣衫，腰間佩著亮晃晃的番刀，手上提著沈甸甸的獵槍，肩上還有弓箭之類的獵具，像是一群剛從戰場上下來的散兵遊勇，但說話和行動卻是相當的和善。反而是那幾條瘦骨嶙峋的獵犬，極不客氣地到處亂竄亂嗅，要不是被繩子栓著，可能早就跳上桌子分享我那桌豐盛的年菜了。

其中一位年齡與我差不多的年輕原住民，用流利的國語告訴我，他們在山上打獵已經好幾天了，因爲林班伐木作業的關係，山上的飛禽走獸都躲得更遠了，這一趟除了幾隻小山雞及狸鼠之類，根本就沒有收獲，帶的糧食也吃完了，本來想今天晚上趕回部落的，因爲在半路上遇到一群山豬，就追了過來，可惜天色已暗無法繼續圍捕下去，看到工寮裡亮著燈就過來了。說著把背筐裡的小山雞抓了出來，問我是不是可以換些酒和米，他們準備在溪旁搭個小篷子將就地過一晚，明天繼續追捕那些山豬，因爲天一黑山豬就會就近找一個山洞躲起來，不會走遠的，只要明天比山豬起得早，一定可以找到牠們。

看他們一臉風塵，一定走了相當長的一段路，而且也一定相當餓了；在那幾隻狗的動作中可以想像得到的。雖然我並不害怕單獨留在山中，但是天一黑後的那份靜，使我感到孤寂。這時候來幾位朋友陪著我吃年夜飯辭歲，眞有意想不到的高興，歡迎還來不及，怎能收他們的獵物來交換。反正這裡大塊魚肉，成打的老酒，我一個人也無法消受得了。於是就請他們入「席」，而這些朋友卻也豪放得絲毫不帶虛僞的客套，一個個坐了下來，頓時氣氛就熱鬧了。

我問他們今天過年怎麼不回家呢？其中一位年紀稍大的告訴我，他們的年已經過過了，今天是平地人的年。原來那年頭原住民除了一年一度的豐年祭，並沒有過年的習俗，豐年祭就是他的年了。當他們知道我是個從大陸來的異鄉人，更顯出一副驚異的神情，其中有一位曾經當過日軍高砂義勇軍的中年原住民，顯得特別關心；因爲他曾經在南洋的戰場上待過一段很長的時光，嘗過離鄉背井的滋味，神情中流露著無限的同情。

夜漸漸深了，山林中的風帶著刺骨的寒氣，衣衫並不厚實的客人，有些難以抵禦了，於是他們在地上疊架起幾塊岩石，升起一堆火來取暖。熊熊的火燄中跳躍出一份圍爐守歲的情景。客人個個善飲，看著他們一碗一碗嘓嘟地喝法，也引起了我的豪興，在大家頻頻互敬下開懷暢飲起來。他們嘰哩咕嚕的對話我一句都不懂，幸好有那位年輕人作翻譯，互相才能溝通，他說他們都非常感激政府。台灣光復前原住民受到極不合理的壓制，他們不能自由下山，也不准和一般人一樣接受教育。台灣光復後，他們享受到夢寐以求的平等待遇，生活也有了極大的改善。他說他被保送到一所師範學校就讀，現在是放寒假，所以跟著叔伯們上山來打獵。他又黯然地告訴我，可惜他父親年前過世了。記得他小的時候，不止一次聽父親說，只要蔣介石來了，我們也和他們一樣有鞋子可以穿了。那時他們看日本人穿鞋子，是非常羨慕的。他父親是部落的頭目，曾經在光復當時帶領著族人，代表原住民參加過慶祝大典，他說這不但是他家裡的光榮，也是整個族人的光榮。

說著說著他們突然引吭高歌起來。只見他們拍掌擊鉢，興奮而忘我的顯得有些激動。當一曲終了，他們告訴我這首山地歌是光復當初族人爲感謝政府而作的，而且在台灣首次慶祝光復節的大會中唱過，今晚特別爲我而唱，表示對大陸同胞的感謝。在靜靜的夜裡，歌聲在樹林中迴盪不息，的確使我感動得差一點掉下眼淚。

雖然我們不知道喝到幾點，什麼時候迷迷糊糊地睡著了，但是天邊剛泛現灰白，他們就整裝出發了，因爲他們忘不了附近還有一群山豬等待著他們去追捕。在暖暖的被窩中，目送他們走入濃濃的晨霧中，只見他們的身影漸漸淡去，最後與山樹融爲一體，這種無拘無束的向大自然討生活的方式，使人既羨慕又嚮往。

當我再度醒來時，只見朝陽像黃金般遍灑在起伏的山上，好一個晴朗的大年初一。帶著絲絲寒意的晨風拂在臉上，感覺得非常舒暢。推開柴扉後的第一件事，是點燃一串長長的鞭炮，立即霹咧啪啦之聲響徹雲霄，也震撼了整座森林，一群山鳥驚惶地從林中竄起，撲翅飛翔在晴空中，隨著迴盪在山間的鞭炮聲盤旋著，而收音機裡充滿著歡樂和喜氣的樂聲，更增添了一份新年的氣氛。我不禁振臂高呼「恭禧！恭禧！新年快樂！」

向群山拜年，向大地賀節，眞是一個終生難忘的年。

有龍同餐

——記一餐愉快的年夜飯——

有時人好像是活在歲月的循環中。記得去年過年時我家似乎又回到了三十年前，那段新婚後剛邁開腳步建立家庭的日子。二十多年來一直是兒女繞膝，歡樂熱鬧地送舊歲迎新年的，今年卻因爲女兒出國，兒子服兵役駐守外島。家裡突然少了二個孩子的笑聲。一下子又恢復到二口子的清靜單純，但也帶來了一絲牽掛的寂寞。平日因爲和妻都是早出晚歸的上班族，倒也沒有感到怎麼樣，但是一到年節，一連串漫長的假期，以往老早就忙碌著辦年貨、大掃除。而今年雖然也照常在準備，但卻好像總是感覺到缺少了孩子的笑聲，就提不起勁來。

兒女不在身邊，年還是要過的，平日未曾爲祖先們點炷香，燒些紙什麼的，到了大年夜說什麼也得盡份子孫之心。準備一份豐盛的供品，上香祭拜一番。好像不如此難以消除堆積在心頭的那份歉疚。三炷清香三個響頭以後，似乎一下子讓祖先們給寬恕了，心裡覺得好舒坦，接著就是高高興興地吃年夜飯。

年夜飯也稱團圓飯，顧名思義在這個時候，一家大小要聚一起共飲同餐的。可是今年原本人口簡單的一家卻人分三地，按照家鄉習俗，吃年夜飯時家人出遠門沒法趕回來過年時，桌子上照樣要擺上一付碗筷，象徵一家仍然是團團圓圓的。也因此二老對酌淺飲相互辭歲時，望著二付空碗筷，憑添了幾許離愁和惦念。

正當我夫妻舉杯互慶一年又平安渡過，預祝來年有個更美好的生活時，突然門鈴大響，此時此刻家家戶戶都在圍爐吃團圓飯，有誰會來串門子？心裡一面納悶著一面去開門，在朦朧的燈光下，出現在眼前的是一位穿著一身整齊的戎裝，熊腰虎背的青年軍官。

「難道是兒子回來了！」心裡正疑惑著。

「是楊叔叔嗎？」舉手一個敬禮，雙腳已經跨進了院子。連我問一句你是誰的機會都不給。接著又是一句「還認識我嗎？」

面對著這個雄赳赳氣昂昂的年輕人，除了已辨出不是兒子外，從頭到尾打量過後，腦海裡還是找不到一點印象。

「我是龍龍！楊媽媽呢？」

「是誰啊？」妻從餐廳裡走了出來，一邊嚷著。「是龍龍啊！快！快進來，外面風涼著呢。」一把拉起年輕人的胳臂，一面仔細地打量著直往屋子裡拉。

「怎麼大年三十的到這時候還不回家去吃年夜飯？」妻口裡還責備著。

「從部隊裡回來已經先到過家了。媽說今年楊叔叔和楊媽媽沒人陪著過年，所以要我來給你們作伴，我在家裡跟爸媽提早吃年夜飯，先向爸媽敬過酒就騎車子趕下來。但是還是慢了一步，你們已經吃過了吧？他結結巴巴地講了一大堆，似乎還帶著歉意。

「還沒有呢！剛擺上菜還沒喝二盅酒，門鈴就響了」，妻說著就讓龍龍隨我們到餐廳，重新入座。

龍龍把帶來的一盒水果放下，「媽要給你們一個驚喜，叫我別先打電話」，他對自己貿然闖來作了簡單的說明，也解開了謎團。

在他們的談話中，我見到他胸前銅質的名牌。不錯，他就是始龍，我們從小就叫他龍龍，一個壯得像一條小牛似的山村孩子。是妻和我結婚調到山村衛生室後第一個接生的孩子。那時正好是兔年尾龍年頭的除夕夜，我和妻都在一個荒遠的山村服務，妻是衛生所的助產人員，我則在山林工作站。

當我們重新入座，氣氛就立即由冷清轉爲歡愉。龍龍向我們得意地陳述他三年中正預校，四年官校的學生生涯。目前剛畢業不久，在中部某部隊任中尉排長。怪不得我認不出來了，而我離開山村也已將近十年。那時前面這位英俊的青年軍官，剛升國中。因爲妻一直在衛生所服務，而且龍龍他母親阿呆嫂仔，和妻成了手帕交。龍龍軍校放假返鄉，也一定會去探望妻的。他們之間並不像跟我那樣陌生。

三杯酒一下肚，望著座前的年輕人。二十餘年前的往事又重映眼前。

記得那年我婚後孩子已一連生了二個，老大四歲老二兩歲，雖然有二份薪水，但薪資微薄僅能維持溫飽，一個大陸來台的青年人，原來就身無積蓄，結婚時東拉西扯地負了一些債，年關一到並不歡樂。這時山區正在開闢林道。離山村半個小時的工程監工寮裡存放著很多器材。附近的臨時炸藥庫中還有一批炸山用的爆裂物。所以工程人員年節放假期間，必須輪流值日。我是合格的炸藥管理員，更不能擅離職守，所以當大家抽好籤，排好值日日程表後，家住山下的員工紛紛拜託家住山村的同事代值。好在當時山區工程預算要比一般業務費編得寬裕，所以春節的值日費從優發給，幾個住在山區的同事看在錢的份上就承擔了下來。我是「處處無家處處家」的流浪漢，結了婚就落籍山村，當然也是被拜託的對象。於是除了自己應值的日數，也給人家替了好幾班，一來可以多些收入，二來也可對炸藥庫多些照顧，也算是一舉二得。巧的是我抽到那班正是大家最怕的——除夕夜到正月初一。於是我和妻商量了一下，這個年就由宿舍搬到監工寮裡去過了。

正當我們吃完一頓在寂靜的山林中的年夜飯。準備給孩子們就寢時，忽然見到從山村迤邐過來的山徑上，一支熊熊的火把，急促地向我們這裡移近。

「這時候怎麼還有人上山來？」妻似乎有些害怕。

當我走出工寮時，火把下的人臉已經可以辨認了。

「是阿呆他們。」我向寮裡的妻大聲說，可讓她解除恐懼。

「楊樣，先生娘有在嗎？」山裡的人說話還是帶著些日本味。他們稱妻爲「先生娘」是表示尊敬。

「那麼晚了有什麼急事嗎？」

「是不是梅英要生了！」妻已經感覺到一點端倪。急著問阿呆。梅英是阿呆的牽手。

「是啊！阮阿英的預產期算算還有一個星期，不知道是不是過年，磨粿打掃動了胎氣，晚上剛拜好天公，就肚子痛了。看樣子馬上就要生了。先生娘，拜託拜託，麻煩妳走一趟。」

這時我們才看到跟在阿呆後面的是金水嬸——阿呆的母親。他以懇求的口吻向我們說。

「好吧！妳就走一趟吧！」看到金水嬸我就放下了心，於是就催促妻快跟他們去。

當火把照著三條人影，匆匆地隱沒在林木間，心裡感到這一個年過得眞奇特。

第二天正月初一，當我和孩子正準備煎些甜粿做早點時，只見妻由金水嬸陪著，帶著一臉疲倦回來了。

「謝謝啦！是一個查甫，」金水嬸顯然也折騰了一夜，但滿腔歡喜掩蓋住了疲態倦容。

「鄉下人也眞有他們的，媳婦頭一胎而且胎位有些異常，我早就勸他們早些去醫院待產，卻偏偏要自己生。」妻送走了金水嬸，就開始埋怨了起來。

「怎麼，有麻煩？」

「可不，那個土產婆沒法了，才急著趕上山來。如果我們和去年一樣，下山到我娘家去過年，阿英不只是受罪，可能更麻煩。」

這也是政府的德政，深山僻野設置了衛生室和山地助產人員，給山區民衆帶來許多方便，我望著妻想著。

回到山村裡，妻按時去給嬰兒洗澡及探視產婦。

「給他起個名字」，有一天妻給嬰孩洗過澡回來說，「公所上班後他們就要去報戶口了。阿呆他一家合起來也識不了幾個大字。」

「始龍，就叫他張始龍好了。今年是龍年，他在龍年頭一天出生，是龍年的開始。」我略一思索就想到了這樣的一個名字。

「張始龍，不錯，很順口也很響亮。」妻同意了也顯得很喜歡。

「楊叔！我敬您，祝你健康快樂。」龍龍舉起杯子，又把我從回憶中拉了回來。

「乾！」望著這位年輕軍官心裡浮起了無限希望。這個年因爲有龍同餐意外地過得極爲愉快。

忙忙碌碌迎新年

寒流過境，氣溫驟降，高山地區瑞雪飛降。時序邁進農曆臘月，在今年特別寒冷的氣候裡，年的氣氛似乎比往昔要濃得多了。對於一些上了年紀的人，尤其會勾起早年農業社會型態中，過年時大人忙孩子樂的情景。

臘八粥喝起幾天，
離離拉拉二十三，
二十三糖瓜粘
二十四掃房日
二十五炸豆腐
二十六燉羊肉
二十七殺公雞
二十八把麵發
二十九蒸饅頭

三十晚玩一宿
大年初一拜個年
多給紅包壓歲錢。

這是我國北方的一首年謠，通常到一到臘月喝過十二月八日的臘八粥，秋收後過了一段農閑日子的農家，又要開始忙碌起來，在這首民謠中可以體會到過年的那股忙勁。一般在二十三送灶神上天前，一切過年的準備工作都陸續開始展開。這段時間家家戶戶都忙著碾米磨麵，北方人吃麵食要磨麵粉，南方人雖吃米飯，但是過年要做年糕做湯圓，同樣要磨粉，而且比北方人更熱鬧的是一家一家輪流舂年糕。婦女們更忙著把廚櫃裡的較精細的碗盤餐具拿出來洗乾淨，祭祖拜神要有誠意，親朋好友來拜年也可顯得體面，大戶人家這時候請個裁縫師到家裡來，給大大小小縫製新衣服，一般人家也要把壓在箱底、體面一點的衣物拿出來曬曬太陽，大姑娘們更要趕縫繡花鞋、剪窗花，不像今天大家只要多跑幾家百貨公司，穿的吃的都有了。

早年的廚房設備雖然比不上現在，可是大灶大鍋是一家人溫飽的源頭，所以保得廚房平安，也就保得一家人的平安了，因此每家的灶頭上必然供奉著一尊灶神，灶神一年三百六十五天，可以說天天都和我們生活在一起，只有到了年尾十二月二十三日，他老人家要返天庭「述職」。那日家家戶戶都要備紙馬、紙轎，供關東糖，祈求這位傳說是玉帝派來的「監察司」，能上天奏好事。送過灶神之後，也就是已經拉開了過年的序幕，接著是緊鑼密鼓地不得閒下，早年過年是一年中最被重視的節慶，一點都馬虎不得，年謠中說「二十四掃房日」，掃房就是現在大家說的大掃除，新年時人不但要穿新衣戴新帽，房舍也要打掃得乾乾淨淨，在江南有些地方叫做「撣塵」，意思是將積塵撣掃乾淨。塵也作「陳」，就是將陳舊的除掉，來迎接另一個新的，充滿希望的年。

接著年越來越近，一清早趕集辦年貨，農家有自飼的雞鴨豬羊，但並不能滿足過年時的需要，平時捨不得吃的南貨海產，也大包小包地搬了回來，接著是殺豬宰羊了，早年的農家大都飼養家畜，但是平日都捨不得吃。連殺隻雞都要等年節慶或重要的親友來訪，過年是個大節慶，除了殺雞還要宰豬羊，當然最重要的目的是祭神拜祖，然後落入大家的五臟廟，在那年頭那有像現在天天大魚大肉的，但到了過年卻家家差不多都要殺隻肥豬，人口多的還要宰上兩三頭呢！一條豬殺下來，年菜解決了一大半，吃不完的那得凍著醃著，待開春下耕後慢慢地吃。殺了豬可得大忙一場，灌血腸、剁餃子餡兒，該煮的煮，該醃的醃，這些都是婦人家的事了。到了十二月二十八、九，年就在眼前了，這時候其他事情都張羅得差不多，只有廚房裡還在忙得強強滾。北方人要蒸饅頭、包餃子，南方人有些地方要包粽子搓湯圓，還得煮上一大堆的飯，這些都不是一鍋一盤可以解決的，那年頭過年忌諱多，正月初一起有好幾天不能動刀的，大陸北方冬天奇寒，餃子饅頭做好了一筐一缸地住院子裡一擱，就等於放進了冷凍庫，不一會兒就凍得像石塊般的了。

南方雖然沒那麼冷，但是冬天照樣會下雪結冰。隔年飯照樣可以吃到年初五。

這時候男主人都忙著寫春聯了，什麼「爆竹一聲除舊歲；桃花萬戶更新春。」以及「天增歲月人增壽；春滿乾坤福滿堂。」等等，還有福、春、五穀豐登，六畜興旺等，有些學問的還得思考些新聯句，沒上過學堂的就到處去央求人寫些。除夕那天門上牆上穀倉豬舍，甚至雞籠鴨寮上都是一片大紅，再加上窗上的紙花，廳上的年畫，大家忙著張貼懸掛，把年的氣氛和歡樂佈置得更濃郁了。

除夕，忙碌了半個多月，就是等待這一天，準備工作大都已經妥善，一早起來忙著張羅迎神祭祖，大戶人家還要搭天棚張燈結彩，懸起祖先畫像，供奉天地神君，天未黑廚房裡又開始熱鬧了起來，年菜下鍋，蒸的蒸炒的炒。最重要的是下水餃，是北方吉利的年食，被稱作元寶。南方人不吃水餃但少不了蛋餃，因爲金黃色的蛋餃像金元寶。台北的南門市場一到過年，買蛋餃都得排隊，但比早年自己一個一個地包，便利省事得多了。

踩過歲，吃過年夜飯忙碌的年已經過去了，接著是守歲等候新年的來到，老一輩的接受晚輩們辭歲，發壓歲錢，這時候另一個高潮又掀起了，各色家庭賭博都無禁忌地上了場，牌九、骰子、昇官圖等等，一家大小圍成一桌呼盧喝吆，把過年的歡樂推到最高潮。直到午夜子時，時鐘敲過十二響，爆竹聲開始此起彼落，每家都打開大門，擺上祭品迎接天神下降，這才忙忙碌碌地送走了舊的一年。

小時候過年

一近年，就會想起小時候，那時候過年才有那股濃得化不開的年味，六十多年前的我鄉浙江姚西一帶，還完全處在極為古老的農業社會裡，鄉人們平時勤於耕種，根本不知道什麼是休息，更遑論休閒生活了。我非常欽佩我們的祖先，設下了那麼些節慶，讓農家有稍作休息調劑生活的時間。而這些節慶中要算年節是最被重視了，一連串的活動通常都要連續半個月以上。因為年節是在隆冬，此時萬物皆進入冬眠養息時際。人就乘這個收成過後的天寒地凍不適於耕作的時季，為自己安排一個既充滿著感恩情懷，也製造了無限歡樂的節慶，對終年辛勞的農民來說，的確是一件既嚴肅又高興的大事。

記得時序一入臘月，家裡就忙著準備過年了，最先是做酒，從蒸過的糯米下缸發酵後，酒槽裡就醃浸著整隻肥雞，大塊肥肉了。然後是踏鹹菜、晒魚鯗、磨米粉、舂年糕、以及大廳裡搭起長長的工作檯，請裁縫師父給一家大小縫製新衣。把整個莊子帶進了過年的忙碌，和期待新年來臨的歡愉裡。

除舊佈新不但是過年的心理意識，也要以行動來實踐，所以年前家裡必需做一次徹頭徹尾的大掃除。這種大掃除我鄉稱之爲「揮塵」也叫「撣陳」。不管宅第多深大，一定要一一卸下門窗，仔細洗刷清潔，再糊上新的窗紙加上大紅美麗吉祥圖案的剪紙。牆角樑柱用竹枝葉捆紮成的大掃把拂掃乾淨，不管叫它作「撣塵」或「撣陳」，都是意味著將陳舊的除去換上嶄新的。所以大掃除以後的房舍。頓覺明窗潔几，給人一種煥然一新的感覺。

到了十二月二十三日，也是俗稱過小年了。這天主要的是送灶爺同天庭向玉皇大帝述職，俗稱「送灶」。我們將供在附著煙囪的神位上灶王爺的畫像請了下來，經過由我祭拜後用一把火連同紙轎紙馬把他們送上天了。這時老祖母的口中開始唸唸有詞，雙手合十不斷禮拜，大概是請灶王爺上天後多在玉皇大帝前爲我們這一家多美言一番，保庇明年比今年更好。

「送陳」大概是我鄉特有的年俗，原來我以爲只是單純的把已往一年的陳舊送走再迎接來年嶄新的一切。可是後來又聽老人家說，據傳是滿清入關改朝換代之後，人們爲懷念舊主偷偷地祭拜明朝末代皇帝崇楨，爲怕清廷知道以「送陳」作爲掩飾。因此在祭拜完後刻意地還要將「揮塵」用過的大掃把竹枝舖底，加上紙糊的金元寶一起燒給神。因爲「送陳」有那麼一段淵源，所以祀典是很隆重的。但日子並不固定，只要在送過灶後到大年夜的中間，找一個吉日就可以了。因爲早年對祭神拜祖的禮俗相當認眞，所以凡是拜神一定要由男人來主持，婦女是不允許參予的。而且還得迴避一番，父親過世後，這項任務就落到我的頭上。小小年紀穿起長袍馬褂，行起三跪九叩首的大禮，倒也頭頭是道，毫不馬虎。

除夕那天不論是月大月小，鄉人都稱之為「三十二夜」，這加上幾天的叫法，究竟為什麼至今還不得其解。那天節目是最多的。也是小孩子們最高興的。如「上神紙」、「做羹飯」、「變寶豆」、「吃年夜飯」、「分歲」、「守歲」等等。

「上神紙」是把祖先的畫像在大廳上張掛起來。從前沒有油畫，照相機還未傳到我鄉。祖先的遺像是以彩色工筆描繪後裱裝成立軸，平時捲起收藏，只有過年時才張掛起來，畫上的人都是全副清朝服飾。和現在古宮博物院收藏的展示品一模一樣。這時桌子擺著細瓷的福、祿、壽三仙。供奉著乾鮮水果，各式糕點，白銅燭檯上燭光閃躍，香爐中青煙裊繞。慎終追遠，懷念祖先也是我國各種節慶中最具意義的了。

吃年夜飯前，照例要先拜祭祖先。祭祖在我鄉的土話叫「做羹飯」。祀神則叫「拜菩薩」。祭祖和祀神是以完全不同的方式進行的，祀神是由屋內向大門外祭拜，供桌上是全雞、大魚、大方豬肉的三牲，必須由男人主祭。祭後焚燒金紙的元寶。祭祖則向廳內拜祭，祭桌上是普通年節吃的菜餚，還要放碗筷酒盅，全家大小無論男女都依輩份尊長秩序拜祭。由小輩斟酒三巡才完成祭禮，然後讓「他們」慢慢享用。最後焚燒紙錁銀錠。

做完羹飯，撤去香燭。就開始吃年夜飯，年夜飯也稱團圓飯，這時候一家大小團聚進餐，真個是其樂融融。如果家人有出遠門未能趕回來過年的，也要為他留個位子，擺付碗筷，表示仍然是團圓無缺的。早年的農村儉吃省用，平時甚少大魚大肉，但到了過年家家都殺雞宰豬，所以一桌的豐盛菜餚，個個大快朶頤。在我的記憶裡有二道菜是不可或缺的，那就是鰲凍肉和八寶辣醬，而且都是一大砵一大砵地，家鄉冬天溫度甚低，這些菜可以連吃半個月而不腐壞。其次是取其吉利的菜，如蛋餃象徵金元寶，百葉捲象徵錢包。帶尾巴的湯糰象徵一袋袋的米。這一桌菜中唯一不能動筷的是那條大鯉魚，什麼都可以吃完。就是要吃臘有「魚」。

吃完年夜飯是小孩子最高興的時刻了，這時候桌子上的飯菜均已撤走。開始「分歲」，所謂「分歲」就是長輩給小輩壓歲錢。晚輩們依序向長輩辭歲，長輩就給一個紅包。記得這些紅包要放在枕頭下面，睡覺時用頭壓著睡到天亮，表示一年到頭都生活得富富裕裕的。家裡養的貓狗以及耕牛也要「分歲」的，但是牠們分到的並不是一個大紅包，而是一碗加了魚肉的豐盛的「分歲飯」。牛是素食者，往往是在他口裡塞上一二個湯圓。甚至連老鼠也要享受這一份年禮，一碗飯菜往床下或廚櫃旁一放，把老鼠餵飽了，牠們就不會亂咬衣物了。

過分歲後一家老少就圍在熊熊的火爐旁守歲了。通常守歲時我們都會玩一種用六顆骰子擲狀元遊戲。這時不分長幼都投入這一場家庭歡樂的賭局，呼么喝六熱鬧得把過年的氣氛推向最高潮。守歲其實就是等候正月初一的來臨，當年農村尚停留在日出而作，日入而息的階段。平時吃過晚飯後就上床睡覺了。不像現在十二時後上床是極普遍的事。這時母親又在廚房裡忙著準備迎新正拜天地的祭品了。

所謂守歲待旦，其實只是等到交進子時。時刻一到家家戶戶開啓大門，擺起案桌點上香燭。我這個一家小小男主人又要循禮跪拜一番。然後點放炮仗。家鄉的炮仗爲沖天雙響，點燃時一聲爆響，把另一截如火箭般推向半空再爆亮。一時「蓬——啪」之聲，此起彼落，意味著又是一個新的年歲開始了。拜好天地我們才上床睡覺。

正月初一起床後先向祖先的遺像跪拜一番，然後向長輩拜年。這天的早餐是吃年糕和粽子，這二種食品包含著「高中」的諧音，古時科舉時代是非常吉利的好采頭。一直傳到我們童年時還是如此安排的。早餐後男生要先到祠堂向列祖列宗拜歲。然後到各親房叔伯處拜年。那是我們孩子最樂意的事，因爲向長輩拜個年，就可以收到一份拜歲錢。幾處走下來，口袋裡就鼓鼓的了。

過了中午，老祖母就準備一個拜籃，攜帶紙錢銀錠，到親人的墳墓上「拜墳歲」，這可能也是我鄉獨有的一項年俗，我是我家的唯一男丁，所以一定要跟纏過小腳的祖母。走一段長長的路，到祖父、伯父及父親的墓上點上一柱香，向他們在天之靈拜祭一番，也順便看看墳上的土有否崩落，雜草是否又長滿了，再準備過了年請工人去整理一番。

此後的日子都是充滿了歡樂和多彩多姿的。如連續不斷的野台戲，十三起的提燈到落燈，都是孩子們最高興的，我們都到處看戲、提燈籠。這些節目一直要到正月十八日把掛在廳堂上的祖先畫像收起，才完全結束。

在大理古城過年

兩岸開放互訪以後，一直想到彼岸過一個年，但大陸冬天奇寒，在四季如春的台灣住久了，一聽到冰天雪地混身即打哆嗦。選擇到雲南過年，那裡氣候較接近台灣，冬季沒有冰雪，應該是最佳的選擇。何況那裡是多民族聚居地，歷史文化豐盛，加上金庸名著《天龍八部》的背景，更吸引人。

我們這一伙有兩對醫生夫妻，一位是榮總腫瘤科大夫，另一位是板橋縣立醫院牙科主任。另外來自台中的餐廳老闆，一家大小四口，還有一對教授夫妻，加上我們二老正好一打，大家都是趁年假出來走走。也趁機看一看對岸改革開放後及少數民族的過年的情形。我們是除夕前一天飛到昆明，第二天下午到大理，立即去遊覽大理古城。

大理古城是我國歷史文化名城之一，古城始建於明洪武十五年，至今部分城牆、城樓仍保持完整的原貌。當我們步入雄偉壯麗而厚實的南城門，如走進了古裝電影中的街景裡，古城中的建築也保持著古老和傳統的形式。青石板街道的二側，都是青瓦屋面、卵石砌壁的民屋店鋪。因爲是農曆除夕，店鋪雖然爲方便各國的觀光客，依然照常營業，但大家都還是在爲過年忙碌著，張貼春聯，舖撒松葉（這裡的年俗，在除夕夜將青翠的松葉舖撒在屋內地上，以祈求來年四季長青，事事如意），祭祖拜神等等。雖然大陸一些大城市如北京、上海等地，年節是禁放爆竹的，但在大理並不禁放爆竹，所以古城中爆竹聲此起彼落，給外國遊客帶來一份中國年的喜悅，當然包括我們。

古城內棋盤式的街道縱橫交錯，我們從店舖林立的復興路，走到滿街西餐廳、咖啡廳的洋人街，在昆明園藝世博會期間新建的五華樓，然後從玉洱路出西門，逛每月逢五、逢十趕集的三月街傳統集散市場，三月街自古即每年三月十五至二十日舉行盛大的三月節而聞名，盛會期間，各地的牲畜、藥材、農產品都集中到此地交易。同時有白族的技藝表演。雖然今天並非集期，但商店中琳琅滿目具有地方色彩和特色的商品，還是吸引許多遊人駐足不前。城中的博愛路上有一座「大理市博物館」，其巨扇紅漆大門上卻懸著一塊「總統兵馬大元帥府」的扁額。導遊告訴好奇的大家說，這裡原是反清起義的元帥杜文秀府邸。現在是古蹟博物館，可惜博物館除夕閉館，無法入門參觀。

在大理我們住宿的是由台商投資興建，大理唯一的高檔四星級賓館，除夕夜我們來自不同家庭的「出外人」，聚在一起吃一頓別具風味的年夜飯，旅行社特別爲我們加菜，並佐以大理名產「蟲草酒」，進餐時還有「蒼洱民族樂團」演奏「洞經古樂」助興。飯店大廳放著二大盆炭火，供住宿的旅客「圍爐」，離鄉五十三年，第一次回到大陸過年，這份氣氛令人難忘。

返鄉過年記

去年除夕的那天，灰濛濛的天空在北風呼嘯聲中，突然飄起雪來，年的味道更濃了。望著窗外飛舞半空中的雪花，一層層地把大地舖成一片銀色世界，心版上的陳年往事，在悲喜交集中又一幕幕地湧現，離鄉背井四十多年，臨老有幸重返魂牽夢繫的故鄉，面對著的這片被皚皚白雪覆蓋著的故土，除了人、事、似乎一切都沒有改變，舊居、老樹、小橋、田野，以及在雪地上吱吱喳喳覓食的小麻雀。

雖然心裡老是擔心忍受不了故鄉隆冬的嚴寒。最後還是敵不過長久深埋心底那份濃得化不開的鄉愁。在政府開放大陸探親不久，接到大妹輾轉千里的來信，他催促我要在舊曆年前回去，他希望早日一償數十年盼望著的一個團圓年的夙願。於是就不顧一切地趕辦手續整裝上路。成了第一批返鄉過年的「台胞」。在除夕那天回到了老家。

辭歲祭祖的那時，妹妹對著堂上母親的遺像說：媽，哥哥回來看您了，……」。話未說完喉嚨已經哽咽得不能繼續了，淚水也跟著奪眶而出。全家人都隨著陷入一片唏嘘黯然中。離家時雖然父親已經過世，但母親仍然健壯地帶著二位年幼的妹妹支撐著這個家。如今遊子回來卻已天人兩隔，怎不悲愴欲絕。

過年，在記憶裡應該是鑼鼓喧天爆竹震耳的熱鬧時光，雖然在辭歲祭祖的時候，家裡也燃放了一串鞭炮，這是整個村子裡僅有的少數稀落的爆竹聲。我不知道是否因爲我這個「台胞」返鄉，家裡一高興特別準備的。在夜色籠罩著的鄉村，沒有鑼鼓爆竹聲，就襯托不出過年的氣氛。最少讓我這個返鄉的遊子有點悵然失望。

當女眷們在廚房忙著張羅的時候，男士們則乘著開飯前的空檔，張貼起春聯來，大大的「福」和「春」字，以及穀倉裡的「五穀豐收」，雞籠牛欄上的「六畜興旺」等等。都還是老的一套。只是早年在這個時候必須從收藏的箱篋中請出來，在廳堂上懸掛起來的「神紙」未見掛上。而貼在正中的卻是一幅印刷粗陋的彩色「和合二仙圖」和一張新年度的月份牌。經向家人查問，原來這些古老的東西都在「文革」時一把火燒掉了。因爲那時講「破舊立新」。這些被認爲封建迷信的舊年俗，當然不允許存在的。「連廚房裡的竈司公都被砸爛掉了，這也好，過年省得送竈，少麻煩。」顯然妹妹對當年中共的措施心裡隱藏著不滿。

吃年夜飯的時候，第一道上桌的竟然是一大碗「糯米糰子」，記得老家的年夜飯原本是少不了被稱作「糰子」的湯圓，以及煎得金黃的蛋餃。前者形狀像裝得滿滿的米袋。後者似一綻綻的金元寶，是象徵豐收和財富的。「糰子」又代表「團團圓圓」，所以爲了表示我這個離家四十年的遊子回家團圓了。大妹要大家先吃湯圓，雖然湯圓的餡都是包著甜甜的豆沙和花生粉，但是吃在嘴裡卻是酸酸的。因爲這一桌子的親人，除了妹妹其他的都是第一次見面的晚輩，老一輩的都是一一先後過世了，看著這許多陌生的臉孔，所謂的「團圓」，意義就不深了。在台灣的時候每到年節，都會懷念家鄉及親人，並盼望著有朝一日能「團圓」，而今天返鄉夢已實現，而那份「每逢佳節倍思親」的心情，依然未以稍減。

年夜飯桌上的菜餚雖然稱不上豐富，但是久違了的純家鄉味吃得很過癮，如鯗凍肉、辣伙醬、糟白雞……，都是饞了好幾十年了。尤其是家鄉自釀的老酒，那股使人未飲先醉的香醇，是別處喝不到的。這一頓年夜晚連陪我的侄甥輩都吃得很滿足，因爲他們的孩子時代，過年的一撮瓜子和糖果都要憑票購買，任誰都連做夢也未曾想過有今天那麼豐盛的年菜。當我告訴他們在台灣幾乎是每家每餐都是如此時，他們的臉上都顯露出一份半信半疑。

所謂守歲，也只是大家圍在一起泡一壺茶傾訴一番離情而已，大家對台灣的風俗人情非常有興趣，尤其是我在台灣四十餘年的奮鬥生活。而我也迫不及待地想瞭解別後故鄉的一切。可惜鄉村的電力是靠農村工業單位所屬的發電設施供應，平時八九點就停電了。今天過年延長到夜晚十點，雖然熄電後可以用蠟燭替代，終究習慣了光亮的電燈再回復到昏暗的燭光，已很難再適應了，雖然我對這種燭火顫抖，窗外雪光映照的情調，有一股久遠的親切感。大妹怕我旅途勞頓，已催著我休息了。在孩子們向我辭歲道晚安時，順便發給每人一個旣是見面禮，又是壓歲錢的紅包後，各自安息。

一夜無法入睡，起來已經是大年初一。

早餐是道地的家鄉年俗食品——年糕和粽子，這種含「年年高升」的「封建思想」食物，不知道當年是否也被禁食過。但是村子裡的寺廟和祠堂均在「破除迷信」的口號下，拆得一乾二淨。原來準備新年一大早到祠堂裡向歷代祖先行禮的規矩，也無法如願了。

在附近僅健在的少數長輩拜了年，就到父母親的墓上拜墳歲。拜墳歲是家鄉重要的年俗，記得小時候村子附近的田毗裡到處可以看到大大小小的墳墓。那時節田都是私人的，只要那裡風水地理好，那裡就可以挖穴做墳的。現在這裡的田地都已收歸國有，所有墳墓也都被扒掉了。田也和台灣一樣經過重劃，都是方方正正的一塊塊舖陳著。而人死後都被埋葬指定的公墓地上。母親死後我曾輾轉由國外匯了一筆款子去，買了一塊墓地與父親一起安葬，略盡人子之心。

雖然已經雪霽天晴，積雪尚未融化。好在我的幾位表弟還摸得出方向，把帶來的鐵鏟清去積雪，墓碑一現我已激動得顧不了地上厚厚的雪，雙膝一跪熱淚早已奔湧。他們急忙把帶來的一塊蘆蓆墊在我的膝下，拿出帶來的祭品和香燭點上。每個人都爲這一幕人間悲劇而落淚，尤其妹妹早已哭得如淚人兒了。自從我離家後母親和她相依爲命，先是母親照顧她，後來是她照顧母親，直到母親因心臟病發而過世。

因爲走得很匆忙，台北還有許多事等著處理，所以初三一過，又匆匆拜別親友兼程飛回台北，短短一個星期當然無法將四十餘年鬱積的懷愁滌清，但能在有生之年趕回老家過一個物質雖不甚豐足，年味卻十足的春節，已心滿意足了。

我國少數民族的年俗

白節，是蒙古族春節的古稱，因爲蒙古人崇尚白色，將一年之始的正月稱作「白月」，故春節亦被稱作「白節」了。蒙族慶祝白節早自元代即已盛行。相傳古時白月元旦（即農曆正月初一），大汗及臣民無論男女老少皆穿吉服（白色大袍），大汗的所屬各部、各州部、各屬國及鄰近國家，均要向大汗敬獻白色的馬、駱駝、象以示尊敬和賀正，民間亦相互贈送白色禮物，佛教傳入後更要獻哈達，祝賀全年納福萬事如意，這種和漢人在年節時以紅爲吉利色避免白色，恰恰相反的習俗，一直延續至今仍循古體盛行著。

仡佬年，是貴州仡佬族的年節，仡佬人和我們一樣，是日稱爲過年，但是日期卻大大地延後了。他們的年是農曆三月初三。是日，仡佬人帶著各種菜餚和樂器，到各姓祖先的墓地祭拜。首先由長老點燃爆竹，打開序幕。接著跳蘆笙舞，對唱民歌。然後舉行打篾蛋球、湓鰍韆等傳統民族技藝競賽，直到活動結束開始祭祖典禮。祭品由族人論流提供，一般是公、母雞各五隻，由長老將牠們一一宰殺，將雞血混入酒中，最後由長老頌讚祖先的功德，讓後輩子孫牢記，同時還要祭拜山神和秧苗土地神。祭畢，將祭品就地煮熟，給參與祭拜者分饗，完成了整個年祭。過了年就開始春耕了，其實仡佬年和我們的清明節沒什麼大的分別。

書水，是侗族語「守歲」之意，也是過年的統稱，侗族聚居於廣西龍勝等地區，除夕夜家家戶戶都要到菜園裡採摘一片青菜葉子，懸掛在火塘上，吃過團圓飯後全家在火塘邊圍爐烤火，等待菜葉枯乾，當菜葉乾枯到能用手指搓捏成粉末時，才算完成了守歲，是一年最後的時刻已臨，才可就寢。如果家裡有年輕未嫁的閨女，族中青年小伙子們會來「行歌坐月」，托辭幫助守歲。這時，家長們會知趣地把守歲任務交給年輕人，自己回房安睡。讓他們去談情說愛，很多婚姻都是守歲時促成的。

過趕年，是湖南和湖北土家族過年的俗稱。土家族的年要早我們一天，是農曆十二月二十九日，如果月小就是二十八日。據傳古時有一次過年前正逢敵人大肆進攻，於是大家匆匆將準備好的年食倒進一個大鍋，煮了一鍋大鍋菜，並將小米拌在肉上蒸在飯裡，提前將年過了，第二天大家埋伏在山頭，將來襲之敵人打得落花流水。次日正值正月初一，族人又宰雞煮羊大大慶祝一番。嗣後土家族過年都要比漢人早一天，除了年夜飯必備的大鍋菜外，並在土家族傳統年食的糍粑上，揷上松枝及梅樹枝，中間掛一塊蚊帳布，象徵祖先在山頭紮營搭帳驅敵的情況，而且在吃年夜飯時不准大聲說話和歡笑。因爲要禦敵而趕著提早一天過年，所以至今仍叫「過趕年」。

阿涅，是達爾幹族語過年的意思。達爾幹人過年和我們一樣是農曆十二月底。他們在年三十那天舉行大掃除，表示將舊的一年除去，準備迎接新的開始。大年夜家家戶戶都在大門口用雜草、乾牛糞堆一垛子，入夜後引火燃燒，越旺越吉利。這時老人家會將年食如肉、餃子等拋進火垛子裡，祈求來年人畜平安五穀豐收，然後全家圍著大吃手扒肉。大年夜門上要點上一個大燈籠，在住家的西側雪堆上插上香，朝西方祭拜諸神和祖先。

冷釀廖，是苗族語過年之意，貴州黔東和廣西大苗山等地的苗族人過年都在不同的月份，大都在九、十、十一這三個月裡，但都在卯、丑日舉行。據傳苗族自蚩尤在涿鹿一戰失敗，歷代被視爲蠻苗，追剿不斷。苗人東逃西竄，幾無寧日，那有心情過一個好好的年，所以定居湘西雲貴一帶以後，也就各過各的年了。但從此過年必備豐盛的年食，如甜酒、燒酒、做糍粑外還要殺雞宰豬、祭祖先、開財門、敬年神，老年人還要祭桌旁放一副「逃難擔」將一些日常用的鍋碗、衣服、被蓋等放進籮筐中，裝成一副即將逃難的樣子，以紀念先祖受官家追剿的痛苦。

談苗族的春節慶典

苗族，是我國少數民族之一，據中共一九五八年統計約有二百六十八萬人口，半數以上在貴州，其餘分佈在湖南、雲南、廣西、四川、廣東、湖北等省。和其他許多少數民族一樣，苗族也有許多自己的民俗節慶，和年節慶祝活動的方式。在農曆新年（春節）期間，苗族最盛大的活動爲「上刀梯」和「花山會」。

正月上刀梯是湘黔川區苗家的一項最盛大慶祝活動，他們在一塊平坦廣闊的坪場上，豎起一根四五丈高的木桿，在桿頂上插著一面小黃旗，木桿上橫插看三〇六把鋒利的長馬刀。刀刃向天。在活動開始前，這些利刃都用牛皮紙包封著，以示莊嚴。

通常上刀梯的開場儀式都是在下午四時舉行。首先由主持人宣佈活動開始，祭拜始祖張趙二郎，揭除長馬刀上的封紙，主持者之即赤腳光手，攀踩看利刃一級級地爬上去，手腳抓踩著鋒利的刀刃，如履平地般毫無損地緩緩爬升桿頂，並掏出隨身攜帶的小牛角號，仰天吹一番，以示勝利。當角號嗚嗚響起，廣場上立即響起了三連銃、爆竹，嗩吶及震天動地的鑼鼓聲，叫好喝采聲，同時中的盛裝男女青年，也邊歌邊舞以示慶祝。節慶的熱鬧情緒升到了最高點。

當第一位登上刀梯的英雄下桿後，鄰近各村寨來的「趕場隊」中，亦派出選手接著表演攀登絕技。如此一個接一個，在沸騰的叫喊聲，鑼鼓聲中歡渡屬於他們自己的春節。

「上刀梯」的風俗，據說源自一則苗族神話般的傳說。早年有一個叫張二郎的青年，生來就是一個跛腳的殘廢，幼少時父母親都已亡故，家庭貧困又無兄姐的照顧，於是餓倒在路邊奄奄一息。幸遇善心的趙姓人氏救養。而且在他姓名上又冠上趙姓，而成爲張趙二郎。十幾年後，當張趙二郎已長大成了一名健壯的青年，雖然是跛足，且其勇敢進取的精神，並不比正常人差。這時寨子裡突然括來一場怪暴風，夾帶來的沙子把全寨子裡人的眼睛都弄瞎了。傳說要治好這怪病，除非取得月亮上的露水洗眼。這是一個等於絕望的訊息。但是傳聞被張趙二郎聽到後，認爲尙存一線希望，於是決心設法去取月亮裡的露水，有一天當他在森林裡撿柴看到一棵高揷入雲的巨木，認爲此木可以通天，就將身上所帶的大小柴刀砍揷入樹，做成刀梯，慢慢地爬升上去。鄉親聞悉紛紛摸索上山，在樹底下等候消息。日子一天一天過去，都沒有看張趙二郎回來，一直等到第三十六天，樹上突然飄落了一把雨傘，這把雨傘正是二郎經常出門時背在背上的那一把，而且傘上沾滿了露水，鄉親們都用手沾傘上的露水來洗眼，果然發生了奇蹟，用露水洗過的眼睛居然都恢復了視覺。當大家重見光明之後，紛紛尋找二郎，卻不見蹤影。大家爲了感恩和紀念他，逐在祭奠的時候，豎起一根高高的木桿揷上利刃，而且鼓勵年輕子弟勇敢地去攀登刀梯，仿效張趙二郎捨身救人的精神。日久就成了苗族的一種春節的習俗，而且年輕人如果上過刀梯，就會被族人視作英雄，也是苗族姑娘擇婿的條件之一。所以上刀梯是苗族青年之榮。

苗族另一項在農曆正月舉行的慶典活動是「花山會」，「花山會」亦稱花山節又稱「采花山」或「踩山」。每年在正月初二舉行到初八，尤其是雲南的苗族，花山會亦邀請附近的其他少數民族如壯、瑤等族人參加，共襄盛舉，所以慶祝活動時動輒數千人，盛面極爲盛大。花山會也需要一個廣闊的廣場，場中間豎一根紮滿了花，掛上紅紅綠綠彩色長條布帛的大旗桿，由一位年長的苗族老者擔任「大雄手」（即主持人），參加者都帶著自己釀造的美酒食品。一面喝著香醇的美酒，一面欣賞或自己表演節目。大家穿上認爲最體面拉風的服裝，隨看蘆笙、嗩吶、鑼鼓，載歌載舞，煞是熱鬧。

花山會的主要活動項目之一是「對山歌」。當「大雄手」主持祭祖典禮，鳴放爆竹之後，場中隨即隨著樂聲跳起苗族的舞蹈，而另外一聲聲的山歌也響了起來。對山歌大都是一男一女，有「采花山」的古歌，雙方盤答古往今來的歷史神話故事人物，也有互唱情歌訴說衷曲的，這些歌詞有自祖輩相傳而來的，有見景生情自編的。但無論前者和後者，都有一定的規範和規矩，可以鬥智但不可以毆擊，所以進行中充滿了一片祥和。尤其青年男女都藉此來物色自己的對象，用歌聲歌詞來打動對方的心，據說每年花山會都會促成許多佳偶。

花山會也有一個原由的，據苗族長老說。古時苗人經常受到多數民族王朝的欺凌，打敗了就得逃竄遷徙，每次在遷徙的過程中，在紮營息宿時，領導的首領們都會在營地豎起一支高高的紮著著五顏六色的旗桿，讓前後人馬不致失散，也可以讓被官兵趕散的族人看到旗幟找來團聚。失散的族人找到了自己的族群，會情不自禁地高歌狂舞。後來雖然苗族有了固定的住所和耕地，生活安定了下來。但爲了紀念祖先艱辛苦勞。特在每年春節農閒時間，豎起高高的花桿，舉辦一次高歌狂舞的慶典。

消失了的烏來泰雅年俗

嚴格地講泰雅族原住民是沒有「過年」這一個習俗的，最早烏來泰雅族部落一年有三種祭典，第一種是「播種祭」，時間是在農曆二月中旬，第二種是「收穫祭」（一般都稱它爲豐年祭），時間是在稻穀、粟子收成之時（烏來原住民是每年新曆七月十五日）。第三種是「祖靈祭」，時間則在新糧收成之後。因爲泰雅族人早年沒有曆法，均以旃檀或山粟開花之時，作爲一年之始。此時播種即將開始，爲祈求稻、粟生長豐盛，播種前要先拜祭「烏督」（泰雅語鬼神之意）。因此被視爲泰雅人的過年了。

泰雅族過年（播種祭）亦極爲隆重，整個活動先後爲期約一周，一般都是在祭典前四天，部落裡的男人們即成群結隊，到深山去圍獵捕獸，孩子們到山溪裡捕捉魚蝦，婦女們則採摘蔬果、釀酒、搗米，並將孩子們捕捉的溪魚醃製「達麻麵」（一種用米飯醃製的美餚）。第四天，在山上一連三天的狩獵隊，帶著山豬、鹿羌等獵物回來了。這些獵物必須集中在主祭（頭目）那裡，鹽醃火烤後備作祭典上的祭品。其狀猶如平地人辦年貨。

祭典大都在月圓之後第七天的晚上舉行，待月亮升起，頭目家裡就開始搗粟做「嘿格因

（麻糬）」並準備祭品，在雞啼之前頭目（主祭）必須帶著稻種、米酒、麻糬、獸肉等祭品及一柄鋤頭，到田裡挖一個一尺見方的淺穴，將稻種撒播在穴中，其他祭品放置在土穴旁，然後拿起酒向祖靈祈求，保佑風調雨順五穀豐收，全社大小四季平安，並將酒灑向大地，撿些石塊壓蓋住土穴，再將酒器及鋤頭放在上面，祭畢將獸肉、麻糬、餘酒帶回，獸肉用來餵狗，因爲狗是原住民的狩獵的最得力助手。餵以祭祖靈的獸肉，表示感謝其一年辛勞。此刻部落裡各戶的代表都已在主祭者的家中守候著。當主祭者一出現，即一擁而上。大家先爭飲攜回的酒，再爭奪他手中的麻糬，奪得的麻糬拿回家中放置在穀倉裡，分享祖靈的庇佑。通常主祭者都會使每一位都能爭奪到一些麻糬，不致讓他們在一年之始遭到不利。

翌晨天甫亮部落裡就此起彼落地傳出搗麻糬的聲音，當太陽一出大家就帶著熱呼呼的麻糬、粟子酒、達麻麵及醃薰過的獸肉、蔬果，集中到頭目家的廣場上，全部的男女老少都盛裝與會，這時頭目吹起「魯布」（嘴琴）。大家手挽手圍成一圈，高唱祭歌，讚曲後開始喝酒，其間可隨興起舞或歌唱，歡愉之情充滿了節慶之樂。在一陣暢飲狂舞之後，由頭目將場上的獸肉、麻糬按人份分發給大家後，慶典到此結束。族人在回家以後繼續飲酒唱歌，歡娛終日。而青年男女則在日落之後吹奏著嘴琴，在廣場輕歌曼舞，這是泰雅族未婚男女公開求偶的活動，平常心儀而說不出口的男女，此刻都可以憑著嘴琴傳情，傾訴愛慕之意。

節慶的第三天一早，頭目帶著部落裡最強壯的狩獵好手，組成狩獵團上山，這是年初第一次出獵，必須要見到獸血亦即要捕捉到獵物才能回家，以象徵這一年的出獵必然會有豐富的收穫。獵得的獸類須先攜到過年時所挖掘的土穴處，感謝過祖靈後，再掀開石塊將已萌芽的稻種拔起，此舉稱爲「拔草」，至此整個年節慶典完全結束，開始春耕了。

泰雅族的年節對有許多禁忌，如年節的前一天，必須將爐灶內的舊火灰燼清除，換上新火。新火在年節期內不可熄滅，也不可借人引點，以示薪火旺盛。此期間更不可使用刀、剪、針等金屬利器，必要時用竹木製品代之。此外生麻、麻線和梳子都禁用。年節期間外出的族人都應回到部落，部落中也禁止外人停留。

泰雅族的節慶祭典統稱「茲緬」，所謂「播種祭」、「收穫季」、「祖靈祭」都是外人依其祭典內容而區分的。日據時代日政府進入部落後，首先統一祭典，規定每年元旦及七月十五日舉行兩次。大戰時又減少爲每年七月十五日舉行一次。台灣光復後，烏來的「豐年祭」是每年七月十五日，因爲他們不過春節農曆年，所以大家稱它爲「山地年」。那時他們已破除了祖先不許外人參與的舊俗，七月十五日會邀請平地朋友去吃「年酒」。十幾年前烏來因爲觀光事業逐漸發達，原住民紛紛投入旅遊業，所有田地幾乎已完全棄耕。所以在年輕一代的心目中，早已沒有播種，豐收的概念。七月十五日的「豐年祭」亦停止了，大家隨著平地人一起過春節農曆年，至於「祖靈祭」也就併入過年祭祖時一起舉行了。雖然從表面看是一種進步的現象。但對泰雅固有文化，卻是一件極大的損失。

看他們是怎樣過年的

過年的時候各地都有各地的習俗，有的大同小異有的卻特具地方色彩，雖然大陸各地經過更朝換代，許多古老的年俗也因政策和生活方式的改變，遂漸失傳和完全消滅了，可是我們在前人的著作札記和口傳中，仍有許多蛛絲馬跡可以追尋，從各類資料中我們可以體會中國人各地不同而趣味的年俗。

浙江人過年祭神的三牲中豬頭（肉）上必須要插上一把小刀，魚的口中要啣一根柏枝，雞的嘴裡須要啣一支蔥，而且要各貼一方紅紙。而最有趣的是祭畢一定要將雞的舌頭割下，而後和所啣的青蔥一起用力擲過住屋的屋脊。據說這樣可以在未來一年中，免除口舌是非。

在河南正月初一是不准賴在床上睡懶覺的，所以除夕那晚大伙兒都坐在熱坑上玩牌、吃糖果等新年的來臨，當時間一過子夜，就可以聽到迎接新年的鞭炮聲了。這時大家要跑到院子裡，將撒在地上的芝麻桿，用腳在上面猛踩，叫做「踩歲（碎）」。然後大家穿著整齊，向長輩拜年，廚房裡這時已升火煮餃子，餃子下鍋時要放一串鞭炮。

雲南人過年的除夕夜，家家戶戶都用木炭升起一盆爐火。一家人在爐子旁玩紙牌骰子，到了半夜子時，大家都到河邊井旁去挑水，當他們出去後，大門立即關上，挑水者回到門口，一邊敲門一邊要講一些吉利話，內容如：「大門大大門，金銀財寶滾進來，滾在你家堂內」等等。此刻鞭炮此起彼落，迎接新年的來到，在香煙嬝繞中祭拜天地神明，年的氣氛達到高潮。

台灣的年俗，在除夕夜要圍爐守歲，守歲可以使父母延年益壽，因此也叫做「長壽夜」。圍爐完了後在門前燃燒一大盆帶穗的稻草，稻穗向著門內。由一家之主男士臉朝正廳跳越火盆，口中念著「跳得過，富不退」等吉祥話，這叫做「跳火盆」。這時廟口的草台戲演得正熱，除夕夜的戲叫做「避債戲」，依俗例在戲台下不得討舊欠的，所以負債的人可以放心看戲，一直到過了夜半子時，已經算是正月初一了。才在恭喜聲中收戲散場。貧窮人家沒有錢娶媳婦的，可以利用大年夜吃過團圓飯，將童養媳和孩子圓房，完成終身大事，這叫做「推做堆」。

山東萊陽地方過年時往往風雪冰凍，除夕夜一家人門窗緊閉，坐在熱炕上邊吃糖果瓜子，圍爐守歲。身為家長的這時要開始糊一盞燈籠，點上蠟燭懸掛起來，然後用金銀錫箔摺元寶，再用神馬子彩紙一卷一卷地包紮起來，待一過午夜發祉，把燈籠懸掛在天地棚門上，燃燒馬子彩紙，燃放鞭炮，祭神拜祖迎接新年。

湖南的除夕夜，在祭祖祭廟後要到晒穀場上去「拿財」。「拿財」是由家長代表全家，在晒穀場上的「財樹」上摘些松枝柏葉回家，分給全家大小，壓在枕頭下面儲財，在松枝柏葉進門時，大家都要叫「財來了，財來了。」「財樹」是在小年夜就放上了，形狀有點像聖誕樹，樹上粘著「對我生財」的紅紙條，從小年日起就天天要焚香禮拜，一直到大年夜拿過財爲止。

廣州人在除夕做母親的會叫小孩子提著燈籠到街上去「賣懶」，當地人認爲小孩子在除夕晚上到街上賣過懶後，第二年因懶性已失，就會變得勤快了。在江蘇某些地方在吃過年夜飯後，就有小孩子在街上高喊著「賣癡獃」，賣過癡獃第二年小孩會變得聰明些。

浙江東陽地區的人家，在吃過年夜飯後，更點一盆火全家大大小小都得從火上跨越一下，說是可以燎去過去一年中未去盡的晦氣，火盆中燒的是松柏桃杏四種木柴，北方人也有在除夕晚將穿過的衣服，放在火盆上烘烘抖抖，並且燃一把稻草火，在各個黑暗的死角燎一燎，可以把窮氣趕走，這種年俗稱爲「燎窮」。

東北的巴克哈倫草原上的游牧族，在除夕夜要爲牧場的馬群舉行一項「認家門」的儀式，在隆重的儀式後，還要宴請所有的家禽和家畜，給牠們加「菜」。

滿族人在除夕晚祭完神以後要煮食水餃，他們會將飯杓浮於水餃湯裡，身上懷著一面鏡子，向飯杓所指方向走去，偷聽人間第一句話，以卜一年之休咎，這種習俗稱爲「鏡聽」。

蒙古人除夕的團圓飯桌上，必定要有一張用黃酒、紅糖和白麵飯做的大圓餅，在全家人穿得整整齊齊聚集一堂辭過歲後，就分享這塊大餅，但是每人只能吃一口，象徵全家團圓，生活富裕，不虞匱乏之意。

藏族同胞篤信佛教，除夕晚都以宗教方式渡過，但是在後藏的日喀則地區，到了除夕的黃昏，要舉行一項驅鬼的儀式，然後各自回家在佛堂上供，祭拜祈禱後隨即沾食開年第一口食物——青粿粉，以象徵年頭飽食到年尾。

浙江紹興一帶的畬民，在除夕之夜，每家都要在火罐中煨燜一大塊柴頭，直到年初一早晨用來炊煮食物，這種火稱作「隔年火種」，也象徵著一年旺到頭的意思。

我們幅員遼闊，人口衆多，各色各樣有趣的年俗不勝枚舉，以上所列只是隨手拈來，點綴一下年景，也藉此提醒一下大家，別忘了我國傳統習俗中的深遠含意。

奇風異俗過新年

過新年是中國的大節慶，也是一年中最歡樂的日子。家家戶戶殺豬宰羊拜神祭祖、鑼鼓鞭炮好不熱鬧。然而中國幅地廣闊，民俗風情不盡相同，春節過年雖有相同的傳統習俗，然而各地都有各地特殊的奇風異俗，頗具趣味。又逢一年新春，擇要摘錄部分供讀者諸君，作爲新春茶餘酒後之助談。

跳火盆是台灣較古老的年俗。在過年前二天，廳堂中的神桌前早就準備好一堆稻草（或用甘蔗葉代之）。在除夕那晚，由年長者從神桌上的蠟燭火中引燃。然後由點火的長者帶領全家大小。依序面對神明跨過火堆，大家隨著長者口中唸著：「跳火盆、飼豬大如船：過火氣，百般攏無畏」。「跳得過，富餉退」。「跳火城，輸輸爭甲贏，跳火群，亂糝攏會準」（歪打都會正著），和「新年較好舊年」等吉祥話。待火熄了後，大家都要用衣裙兜一些餘燼。送到灶肚裡，口中還要唸：「公擔金、婆擔銀，擔得無塊落，落到阮灶腳下。」公、婆係指土地公和土地婆，祈求祂們降福賜財。因爲這種年俗是流行於農家，工業社會的今天，這種年俗已逐漸消失了。

客家人的年俗是除了大年初一到寺廟裡上香拜拜外，更要在居住的四週，祭拜自然之神，自然之神包括山神、河神、田神、井神、橋神等等，他們備香燭牲禮，在初一到廟寺祭拜後，即轉到家宅附近，有田祭田、有橋祭橋，感謝自然界一年來對人類的奉獻，也表示對天地萬物崇敬之意。在閩南人之間，年俗中也有如祭井神、橋神之舉，到今天有一些地方仍保持著這一年俗。

雲南人過年時的守歲是很熱鬧的，家家戶戶都升起一盆木炭火爐。大人小孩一起以賭博娛樂。直到夜半子時，家裡的壯漢都要到河邊井旁去挑一擔滿滿的水，到緊閉的門外大叫：「大門大大開，金銀財寶滾進來，滾進不滾出，滾在你家滿堂屋」。此刻鞭炮燃響，大門打開，水挑進屋裡，象徵一年的富貴吉祥。接著是祭天地、接灶神，滿堂香燭輝煌，滿街鑼鼓喧天，迎來另一個嶄新的年。

一到臘月，北方早已瑞雪紛飛。除夕之夜往往是窗外一片銀色世界。而窗內則紅燭高照。一家人吃過一頓豐盛的年夜飯，圍坐熱乎乎的炕上守歲。在山東這時候一家之主的戶長，要動手糊一盞年燈。燈籠是採傳統的宮燈型，以銅絲作架，烏木的燭台，細鐵絲的籠筐。加上紅流蘇，燈罩上畫上彩色松竹花卉。製成後點上蠟燭，立即滿室增添了一份年的氣氛。同時家人一面守歲一面用金銀錫泊摺疊元寶，是準備年初一五更發祉時燒給神明的。這樣一直忙到正月初一來到，全村爆竹此起彼落地響起。

寧波人女人結婚後遲遲不生育，叫做懶生。家裡娶的新媳婦如果進門三年，肚子裡尚無消息的話，除夕夜準會遭到婆婆用掃把來一頓沒頭沒腦的亂打，這種奇特的年俗當地人稱之爲「打懶生」。

打懶生都在一家人吃過年夜飯後施行。但事先並未告知要挨打的媳婦，只有一、二位女性長輩知道，當全家吃過團圓飯，一切收拾妥當，正當大家興高采烈地準備各種過年的玩樂時，卻見做婆婆的拿出一支事先準備好的、柄上纏繞著紅色絨線的新掃帚，沒頭沒腦地向著媳婦亂打一通，口中並大聲嚷嚷著「妳怎麼這樣懶？連生也不生！」這一突如其來的動作，往往會嚇得媳婦大哭大叫，連其他家人也都一時給楞住了。這時知道的長輩，如伯婆、叔婆會立即出來代爲討饒，口裡答應著「就生了，就生了」，而被打的媳婦也知道是怎麼一回事了，立即含著淚高喊「就要生了」，一場鬧劇在媳婦破涕爲笑中喜劇收場，又恢復了大年夜的歡樂。

河北邯鄲地區的除夕夜，在街上可以看到成堆的大大小小帽子，那裡的民間的年俗，每年的除夕夜吃完團圓飯，守歲後的睡前，各家各戶無論大人小孩，都要把這一年戴過用過的舊帽子或舊頭巾，悄悄地扔到大街上，待第二天清晨再清掃到隱蔽的牆角或樹底下，等到正月十五元宵上燈那一晚，點一把火把把它燒掉，咸信這樣可以燒去一年的舊愁，迎來另一年的新喜，據說此俗早自戰國時代傳來，當時趙國亡給秦，趙國人爲不忘亡國之辱，每年夜深紛紛將秦國制訂的士服帽和商服帽扔到大街上，以示抗服，許多人因此遭到殺戮，爲了避免遭秦人毒手，於是改爲每年除夕夜，把頸上的帽子偷偷扔向大街，藉詞以新換舊。如此避過一年晦氣，因此相沿成俗，成了河北邯鄲地區特有的「扔愁帽」年俗。

出尋又稱「出行」，在浙江地區的正月初一一清早，各家的男主人翁按照通書所規定的時間、方位，擇卜「利年」的方向，其方向每年都不相同，一般或按各年干支而定，或以干支配點自己的生辰。然後帶著香燭祭品起步出門，走到野外適當地點拜天求神，祈求新的一年平安吉利。

福州人除夕夜晚，除了設香案，供年飯祈求上蒼賜福外，當天夜裡都要燒火炮，火炮大多爲農村之副業。農村婦女用馬糞製造火炮盒，耐火而不易破裂，爲城市居民所喜愛，而鄉間的孩子們則將木柴劈成小塊，製成火炮柴。他們一到臘月即紛紛進城叫賣，然後再購買年貨返鄉下。火炮是將細條火柴在火盆中架成多邊形塔狀，用竹片點燃後在烈火熊熊中由孩童們戴著面具，繞火盒三匝，可以避邪保平安。火炮燒得越旺越吉利，燃燒中加上一些鹽巴，不但能催旺，而且會爆出劈里啪啦之聲，更顯旺盛氣氛。燒火炮之俗據傳係源係自古時一位叫鄭唐的秀才，此人恃才而傲世，招來不少仇怨，某年春節，有人故意抬一口棺材至鄭家，觸其霉頭，鄭某見狀一陣錯愕，但聰明的他立即想出破解之法，他著人將棺材劈成細木條，點了一把火，立即烈火熊熊，鄭唐口占一詩：「新春喜氣高，晉官連進財，鄭家燒火炮，除死無大災。」他把不祥之物消毀，並化解了霉氣，迎來「晉官進財」的喜氣，從此鄉人在除夕夜競相燒火炮，成爲福州地區的一項年俗。

中國各地各種不同的年俗何止千百，如蘇州的「賣癡獃」，廣州的「賣懶」和杭州的「賣懵」都是除夕夜晚有趣的習俗，千奇百怪記不勝記。

談四川春節舞火龍

龍代表吉祥、和順、至貴至善，並寓意國運昌隆，萬民歸心，而中國人一向以龍的傳人自居，而龍也一直象徵著我們這個傲立於世古老文明的中國。所以每逢重大的慶典均以舞龍來增添喜氣以招瑞祥，尤其是春節過年。

舞龍的龍因龍體甚長，少則十幾人，多則四五十，組成舞龍隊，經過訓練以後，以充分合作的團隊精神，表演各種美妙的舞姿，在全國各地的舞龍節目中，最熱烈而驚險的，應該首推四川的「火龍」。

「火龍」在早年均由「袍哥兒」所組成。一般龍身大約分成十五到十八節，每節一人撐把，舞動之時上場的人就要十五到十八人，加上鑼鼓手、指揮、預備隊員等，一個龍隊都在三十人以上。「火龍」每年均在舊曆年的正月十一開始，一直舞到十五日午夜爲止。「火龍」的龍體均由紮製專家，於年前紮製完妥，存放於當地的廟宇裡，到正月十一日清晨，請地位較高具有聲望的長老，主持開光點眼儀式，然後正式「出龍」。

「出龍」後的「火龍」，即隨著熱鬧的鑼鼓聲，依序赴各處朝賀討喜，這雖然是「袍哥」

們募集財源的一種手段，但是在傳統社會中的商家，不但不以為煩，而且還非常歡迎，因為龍是吉祥和順的代表，新正年頭喜氣洋洋，是象徵生意昌隆，財源茂盛的吉兆，誰也不會拒絕的。而四川的「火龍」異於他處的是商家事先都準備了大批各種火力頗強猛的爆竹，待龍隊來到門口，立即點燃投向龍身，因此龍隊所過之處滿街硝煙四起炮火四竄，熱烈驚險比鹽水蜂炮毫不遜色。

所謂「火龍」並非龍的本身發火而是在龍隊進行中，被引發的火炮團團包圍，成為浴火之龍。這時舞龍者當然難免被四面八方射來的炮火所波及，但是「袍哥兒」（該組織的成員），因此縱然衣衫和皮膚受到灼傷，亦絕不「丟龍把子」，有損團體顏面。反而會表現出更勇敢而不畏懼的精神，也因此更刺激旁觀者，提升了興奮歡樂的氣氛，把活動推到最高潮。舞「火龍」的民俗活動，一直要到正月十五日午夜，在焚燒過傷痕累累的長龍，送它上天後才結束。

憶十里洋場的年景

上海曾經被稱爲十里洋場，是因爲曾經被英、法等國租借過。在租借時期的上海是全國最爲繁華的城市，高樓大廈汽車電車以及舞廳酒吧無所不有，眞夠得上燈紅酒綠紙醉金迷的花花都市。雖然上海是個極度洋化的都市，市民的生活也是極現代化的，可是一到歲暮年末，洋式瘋狂的聖誕節落幕後，街頭緊接著的就是一股濃厚的中國傳統過年氣氛。因爲上海是國際通商大邑，天南地北也聚集了全國各地來此闖天下的菁英。雖然平時大家的生活方式因長久居住已漸趨一致，但一到年節就完全不同了，這時候各人都會搬出一套老家過年的年俗，如北方人忙著包餃子，南方人卻急著磨糯米粉蒸年糕。這時候街上就可以看到各式各樣的年貨、除各地的小菜場以外，要算南北貨集中俗稱石路的福建路了。這條街和現在台北市的迪化街一樣，一到過年就會被採購年貨的人們擠得水洩不通，而這裡的年貨也的確「應有盡有」，紅棗蓮子、海參魚翅、臘肉封雞、瓜子花生、麻糖甜糕……光看也會讓你眼花撩亂目不暇給。

南市的老城隍廟是另一個高潮，到這裡來的人並不是來燒香拜神的，而是到圍繞在大廟周圍的商店攤販採購年貨的。這裡的顧客大都是婦女和孩子。因爲這裡有的是巨細無遺的家庭婦女用品，如綾羅綢緞、胭脂花粉、針線荷包、髮夾飾品及手絹洋襪等等。這些都是婦女們過新年才難得一次展示自己的奢侈品，雖然很早上海就有蜜斯佛陀、旁氏等高級洋化粧品，但除了貴婦富婆及洋人，國人還是喜歡傳統的國產品，城隍廟平時就非常熱鬧的，一到過年更是人山人海了。而最高興的應該是孩子們，這裡有看西洋鏡、拉洋片、耍猴戲等等什耍玩樂。

雖然上海的四大公司規模宏大百貨齊全，但是國人到年節的時候並不都湧向這些地方，因爲上海雖然是世界級的繁華大都市，但是貧富懸殊太大，尤其住在租界周圍的中國人並不個個生活富裕的，而當年人們也非常節儉，所以年節時石路上的估衣舖生意就特別好了。上海估衣店除了店裡陳列著各式各樣中古服裝以外，而且每個店門口都有一個由裡向外斜斜的矮檯，每家都有二至三個店員一面把衣服提在手上反覆介紹給行人顧客，他們的介紹方式是用唱的，把衣料襯裡做工等一一介紹，石路上有幾十間毗鄰的估衣舖，平常上下午都有一次類似拍賣的邊唱邊推銷活動，一到年節人潮湧到，店員不但連續的唱賣而且爲了競爭，動作嗓音都顯得特別賣力。但絕對不像台北西門町武昌街服飾店那種惡形惡狀的叫喊。

位於浙江路的小花園，是上海著名的女鞋街，雖然早年的女孩子從小就要學女紅，一般人還大都穿著一針針縫製的布鞋，但一到新年大家還是想買一雙式樣新穎、質料堅實的新鞋，小花園的鞋店也都刻意地裝飾一番，尤其入夜更是燈火輝煌鶯鶯燕燕，年的味道充滿了整街女鞋街，好不熱鬧。

從大除夕到大年初一，上海就進入一片近乎瘋狂的歡樂裡，爆竹聲夾雜著喧天的鑼鼓聲，一直要鬧到天亮，上海人作興打年夜鑼鼓，尤其是稍具規模的商家，在吃過年夜飯後，大家坐下來擊鼓打鑼是大年夜的傳統餘興節目。在台北衡陽路上有一家綢緞莊四十年來一直以這種方式來過大年夜的。

大年初一開始。除了拜年走親戚，上海的娛樂場所比現在的台北市要豐富得多，傳統的茶樓戲館、現代化的舞廳電影院、街頭賣唱耍把戲的，當然最吸引人的是幾個大公司附設的遊樂場及大世界、新世界等百戲雜陳之處，新年裡必然是擠得滿滿的。因爲是租界洋人並不嚴禁賭博，所以除了公開營業的賽馬、跑狗、回力球、賭場外，新年的街頭巷尾，乘機發筆新年財的賭博攤子也特別多。骰子、壓寶以及套圈圈等等，五花八門無奇不有，但是大多數都是以詐騙的手段，來贏取下注。所以到路邊小賭一番，想碰碰手氣的必然無法稱心，好在新年裡大家只抱著尋歡求樂的心態，輸贏並不太在乎，設攤耍詐者也就衝著這種心理而大發利市了。

自從開放大陸探親後，也曾回到上海過了一個懷念數十年的傳統舊曆年，雖然據親友們說，市場年貨供應已較以往大有改善，一些禁忌也已逐漸開放，但是離我小時候在上海過年的情景，還是有一段非常大的距離，尤其那年上海當局爲了安全，曾下令禁止燃放爆竹，因此整個新年在沒有爆竹聲的陪襯下，靜靜地渡過，早年那份濃濃的年味當然也蕩然無存了。

近兩年上海已經開放春節期間放爆竹，一時各式大小爆竹聲又響徹雲霄，恢復了早年過年的鬧猛氣氛。

童謠民歌慶新年

童謠、民歌在古老的社會裡，一直擔任著歷史文化傳播的重要角色，也是文字以外紀錄早年社會活動的工具。在古老社會中有許多民俗節慶活動，在教育尚未普及，傳播工具未發達年代，城鄉村鎮的生活、習俗、慶典、節日，無不可從口傳歌謠中，去追尋到早年先人活動的影象。雖然我邑浙江民智開啓早過他處，但仍舊有許多前輩鄉賢所留下許多珍貴的歌謠，供我們去追思探究。又逢一年一度的春節新歲，特將篋中收錄有關我過年的童謠、民歌。抄錄數則如下，以作年賀，以饗鄉親：

新年來到
糖糕祭灶
姑娘要花
小子要炮
老頭子要找新呢帽
老婆子要喫大花糕

從這首民歌中，可看到早年過年的第一件大事是祭灶，祭灶也叫送灶，那時沒有什麼電鍋、瓦斯爐，家家都有一座煮飯燒菜的大土灶，而灶頭都必然供奉著一尊印在紙上的灶王爺，灶王爺一年三百六十天，天天與這家人共處一室，對這家人的平時作爲，當然一目瞭然。相傳灶王爺每年臘月二十四日，必須到天庭向玉皇大帝述職，報告這家人一年來的作爲。爲希望他能在玉帝前美言一番，民間祭灶都要準備一份糖糕，好使祂在玉帝前嘴巴甜一點。再看後面四句，更可體會到當年我邑鄉親生活的純樸，和物質享受的貧乏，女孩子繡一些花鞋花巾，男孩子玩幾串炮仗，就心滿意足了。而老人家的一頂新呢帽、一塊大花糕，就可快快樂樂過一個新年了，較之今天的浪費奢侈，不可同日而語。

春節，家鄉通稱「過年」，既然稱過年，當然包括迎新送舊了。其實春節前後，最忙碌的該是除夕前的一段日子，諸如家家開始殺豬宰羊，輪流舂年糕，撣塵（大掃除），送灶等等，有一首民謠如此唱的：

廿三掃掃塵，
廿四送灶神，
廿五長工哥哥送出門

當然，家裡僱用的長工，也要讓他回家，與家人快樂過年去。

除夕，俗稱「三十夜」，這是一年的最後一夜，除了吃年夜飯、圍爐守歲外，戶外也很多很熱鬧的，從下面一首兒歌中，可以體會早年過年的盛況：

三十夜　好黑天
子時是我分歲年
子午香　獻佛前
嫂子叩頭慶團圓
換新鞋　項金圈
姐姐帶我上街繞一轉
南雜拌　要新鮮
蘋果金橘送兩籃
什錦燈　我好玩
太平花發星滿天
飛天十聲連珠炮
我要的是劉海戲金錢

天一亮，正月初一來到，爆竹聲和恭喜聲此起彼落，新年新氣象，又是歡樂又是熱鬧，兒童們唱起了：

新年喜

新年裡面唱大戲
請朋友
叫親戚
廳堂上
擺筵席
紅燈結彩花世界
爆竹聲聲啓新意

恭喜發財，這是國人傳統的新年賀辭，這並不表示我人都是財迷心竅，而是早年貧富不均的社會現象下，「發財」在窮人多富人少的現實中，產生的普遍願望。我鄉民間歌謠亦不例外，如：

新春大發財
元寶滾進來
大元寶 買田地
小元寶 做生意
元寶滾到雞舍頭
雞子整畚斗

元寶滾到樓梯頭
存款存米百廿樓
元寶滾到豬欄頭
飼豬大如牛
七十斤油
八十斤頭
用缽頭　罯脂油
此此快快
一年油上頭

窮人富人過年，天壤之別的心情，也可以從歌謠中聽到，雖然今天已沒有收租糧的地主，也不允許放高利貸。但從歌謠中，你可以瞭解一番先人的生活面，增添一些年節情趣。如富有的人家唱道：

臘月一過
又是一年
又要租糧
又是討利錢

糧米成了囤
銀錢成了山
你看喜歡不喜歡

糧米成囤，銀錢成山，這種年當然過得喜歡。再聽聽另一首從窮人口中唱出的歌謠：

正月裡是新年
琉璃燈點佛神前
人家有錢做席開年酒
我家無錢未開年

農業社會時代，民間都依習俗作息，沒有固定的假日，不像現在各行各業都有國家或公定假日，一般都在節慶時休息，所謂大節大休小節小休。春節是一年中最大的節日，所以一休就是半個月，通常都在元宵落燈後，農人下田，商家開店，學生上學，才恢復正常作息。有一首「新年過」的民謠，告訴大家年已過了，要收起心來快讀書、快工作了：

新年過
新年過
一年一回頭
光陰不待我

快讀書
快做工
黃金時光莫錯過

唱年謠等過年

過年，在目前經濟高度開發的工業社會裡，除了應景放幾天假，讓家人們能藉此佳節團聚一下，而眞正的年味也因緊張忙碌的生活而沖淡了，年應有的熱鬧氣氛也不復再見。回憶早年過年的情景，還是使人十分懷念和嚮往。

我國還處於農業社會型態時，一個臘月就已經有了年味，如最早的臘八粥，接著送神祭灶、撣塵、除夕、以後是新年的一連串活動，一直要到過了正月十五元宵節，才把舊年新年一起過完，恢復了正常的作息。

我國各地過年的禮俗是大同小異的，雖然我們今天已無法去體驗那種古老的年節歡樂情況，但我們可以在各地流傳著的過年民謠中，體會當時過年的盛況和歡愉。這些民謠有的是從祭灶送神唱起的，有的是從正月初一開始的，雖然起點不同但內容卻一樣豐富而充滿了鄉土情懷，下面就是筆者收集的有關過年民謠一部份。

二十三打發灶爺上了天
二十四掃屋子

二十五拐豆腐
二十六蒸饅頭
二十七殺隻雞
二十八殺隻鴨
二十九灌壺酒
三十趕個露水集
初一打躬彎腰亂作揖

（河南）

二十三灶王上天
二十四寫大字
二十五做豆腐
二十六吃年豬
二十七殺年雞
二十八把麵發
二十九走油
三十磕頭

（遼陽）

老婆老婆你別饞
過了臘八就是年
臘八粥，喝幾天
漓漓拉拉二十三
二十三糖瓜粘
二十四掃房日
二十五炸豆腐
二十六燉羊肉
二十七殺公雞
二十八把麵發
二十九蒸饅頭
三十晚上熬一宿
大年初一去拜年
您新禧、您多禮
一手白麵不攙你
到家給你父母道新禧

（北京）

以上三首都是華北民謠，有的打過小年（祭灶）唱起，有的更早從臘八開始，在這裡我們可以看到這些地方的人們年節生活的概略，從他們送神後的大掃除，蒸饅頭，做豆腐，甚至殺雞宰羊，打酒趕集，直到除夕後的正月初一，是相當忙碌而透著趣味的。

初一早
初二巧
初三無通巧
初四頓頓飽
初五隔開
初六挹肥
初七七元
初八原全
初九天公生
初十食食
十一概概
十二漏屎
十三關老爺生

十四月光
十五元宵暝
十六拆燈棚 （臺灣）

初一榮
初二停
初三無姿娘
初四神落天
初五天神下降
初六另空
初七七元
初八團圓
初九天公生
初十藍相公
十一請子婿
十二返去拜

十三食涪糜子配芥菜
十四結燈棚
十五上元暝
十六牛相生

（閩南）

初一人拜神
初二人拜人
初三窮鬼日
初四人等神
初五神落天
初七七不出
初八八不歸
初九九空頭
初十人迎行
十一嚷擠追
十二搭燈棚

十三人開燈
十四燈火明
十五人行街
十六人整犁
（海豐）

這三首描述新年的民謠，都屬於華南地區台灣和福建的，它們都是從新年初一開始，一直唱到十六元宵節以後，這半個月的新年生活是多彩多姿的，這裡有拜神、拜年，走親戚逛街看燈等。內容也告訴了我們新年的各種行事。

二十三過小年祭灶神
二十四剪窗紙寫對字
二十五醃臘肉做豆腐
二十六殺年雞割牛肉
二十七釀酒兒製糖兒
二十八爆米花蒸棗花
二十九吃甜酒插香斗
三十夜團圓兒耗油兒
初一拜年磕頭兒
（北京）

二十三打發灶爺上了天
二十四掃屋子
二十五拐豆腐
二十六蒸饅頭
二十七殺隻雞
二十八殺隻鴨
二十九灌壺酒
三十趕個露水集
初一打躬彎腰亂作揖

（河南）

糖瓜祭灶，新年來到。
姐姐要花衣，妹妹要花襖；
弟弟要鑼鼓，哥哥要花炮。
奶奶要裹腳，爺爺要毡帽，
媽媽蒸年糕，爸爸市集跑；
你說咱家過年熱鬧不熱鬧。

（河北）

看了這些民間年謠，過年眞是忙裡透著熱鬧。準備吃的穿的玩的，無論男女老少似乎都有說不盡的喜悅。

武昌和皖北各有一首描寫過年的民謠，言簡意賅，短短四句把年景描寫得非常入神。

二十七洗管筆（封筆之意）
二十八洗邋遢
二十九家家有（家家有豐盛的年貨年菜）
三十夜蓮花謝
（武昌）

二十八順口答，
二十九明天有；
三十不見面，
大年初一拱拱手。
（皖北）

童謠中的年景

「爆竹一聲除舊歲，桃符萬象更新年，在我國尙處於農業爲主的社會型態時，除舊歲迎新年是一年中最重要的節慶，其間有一連串的民俗行事和遊樂節目，雖然這時節大半個中國已陷入嚴冬的冰封雪凍裡，老天爺也體恤終年辛勞的人類，讓莊稼在秋收完畢後，有個冬藏的閒暇時日，可是好動的人類卻並沒有因此而閒著，家家戶戶：又開始爲除舊佈新而忙碌。一直要等到過了大年夜。才眞正的享受到新年歡樂休閒生活，大家儘興地吃喝玩樂個痛快，待春暖開再度回到田畈裡，辛勞地耕耘去了。

這種從農曆十二月初。一直到翌年正月十五落燈爲止一段長長的充滿了歡樂年節，在今天這種忙碌而緊張的工業社會中，不但無法享受甚至無法想像的，尤其是新生的一代，只有從老一輩的親人口中，或書籍的記載裡去追尋一些往昔的盛況了。除此以外流傳民間的許多民歌童謠中也可以尋找出一些年節的情趣。

早年在時序一進入臘月，大家就開始準備著過年了，一吃過臘八粥就透出了絲絲年味，北方地區流傳著這樣一首童謠：

小孩小孩你別哭，
過了臘八就殺豬；
小孩小孩你別饞，
過了臘八就是年。

這首童謠雖然只是哄孩子的，但也指出過了臘八就要過年了。也可以知道那時代小孩子是多麼地巴望著過年。當時物質享受貧乏，一般人家生活節儉，一到過年則藉酬神祭祖，宰豬殺羊地大吃一番，所以做父母的對哭鬧的孩子，就用這種歌謠來哄他們。

有錢沒錢娶個老婆好過年，這種風俗習慣全國各地都有，就是再窮的人家也會預先給兒子養個童養媳，一到適婚的年齡，就在年三十夜來個「推做堆」，也一樣可以完成終身大事，直到現在這種習俗仍在風行著。因爲這樣可以使新年裡更多一份喜氣。在江北地區有首童謠就是描述這風俗的：

臘月八，日子好，
許多姑娘變大嫂；
眼裡哭，心裡笑，
身子坐進大花轎。

過了臘八就是二十三日的祭灶，祭灶又稱過小年。這時的年味更濃厚了，北京有首相當趣味的童謠，唱出祭灶過年的情況：

祭灶祭灶新年來到，
老頭子過新要毡帽，
老婆子過來要裹腳，
小淘氣過來要花炮。

童謠裡的毡帽、裹腳是象徵新衣，花炮是代表玩樂。新年一到大都要換新裝了，要玩具了，在一祭過灶，一家之主就得給老的小的準備了，不然他們也會像童謠中一樣伸手來要的。

過年雖然是個充滿了歡樂的節慶，可是有些人卻視年關爲難關，因爲新年一到開支倍增，貧困人家就難過了。尤其是靠借債渡日的人家，更是難受了。所謂「送信的臘八粥，要命的關東糖」。國人的習慣在過年前一切債務都要還，不然債主也會毫不客氣地來催逼，因爲在過年時討債是天經地義的事，不會因此而傷了友誼和感情，只要一躲過年，大家見面又客客氣氣，好像根本沒有發生過這事，所以一過臘八催債的信息就傳到了。如這時未還清，一過了祭灶日，灶王爺吃過關東糖走啦，後面債主就跟著上門了。台灣有一首有關債的童謠，雖然短短幾句，卻描述得非常切眞。

第一臘猶自可，
第二臘急如火，

第三臘無處躲。

第一臘就是臘八還不必擔憂，到了第二臘十二月十六日，如籌不到錢，心裡就十萬火急了。到了第三臘也就是十二月二十四日送過灶神債主就接踵而至了。

正月是新年，燒香祭祖先，
殺雞開老酒，三牲各一筵；
門前掛利市，紙炮響連天，
村村舞獅子，鑼鼓鬧錚錚。

這是廣東的一首年謠，在這首童謠裡我們似乎看到了新年快樂的情況和熱鬧的氣氛。雖然我們現在過春節比較簡略得多了，但是這份傳統的氣氛還是有的。

在當年缺乏娛樂休閒的農村，一到新年必然會演上幾台酬神戲，一來感謝神明過去一年的庇佑，再求今年仍能風調雨順，五穀豐收。二來也可給那些既不喝酒也不賭博的婦女孩子們共享新年樂趣。在蠡縣有一則童謠就是爲新年演戲而唱的：

過新年搭戲台，
先生走媳婦來；
新年過折戲台，
媳婦走先生來。

搭戲台是先生的事，戲台搭好先生就去喝酒玩牌。看戲是媳婦們的事，新年過了，先生又來拆戲台。

過新年的壓軸戲是上元看燈，燈一落整個新年也就過完了。看燈大都是年輕人的事，在無錫的一首看燈謠中可以看到當年趕著看燈的盛況：

正月正，點紅燈，
哥哥妹妹進城去看燈，
哥哥跟我走，
妹妹跟我奔，
先走一帶楊柳岸，
後走一路杏花村。

嘴唸歌謠過新年

——台灣的年謠——

民謠一直是古時民間紀錄民情習俗的口傳文學，台灣早年自閩、粵等地渡海過來的祖先，大多數是以墾拓爲主，對於唐山祖地的年節風俗，文字傳播少於口頭傳。春節過年的古老風俗習慣，也一直紀錄在一些民間謠諺中，因此雖村夫鄉姨目不識丁者，都只須熟記一些年謠，就可按序行事，絕不會離譜。但因流傳深廣，年代久遠，內容略有不同。然八九不離十。新年行事是脫不了這些範圍的，下面例舉幾則，以增讀者諸君新春年味。

初一場，初二場，初三無思量，初四神落天，初五隔開、初六舀肥、初七人生日，初八五穀生，初九天公生，初十地媽生，十一請子婿，十二要來拜，十三吃暗糜配芥菜，十四吊燈坪，十五上元暝，十六相公生，十七拿小孩送先生。

初一拜神，初二拜人，初三老鼠迎新娘，初四等神，初五隔開，初六挹肥，初七七元，初八人不歸，初九天公生，初十有吃食，十一慨慨，十二結燈棚，十三關帝爺生，十四人開燈，十五上元暝，十六人整犁。

初一早，初二巧，初三無通巧，初四頓頓飽，初五過開，初六挹肥，初七七元，初八完全，初九天公生，初十有吃食，十一概概，十二漏屎，十三關帝生，十四月光，十五元宵暝，十六拆燈篙。

初一遊，初二遊，初三遊，初四蒙破袠，初五隔開，初六擔肥，初七七元，初八也都完，初九天公生，初十有食，十一請子婿，十二查某子倒來拜，十三食蕃薯簽配芥菜。

除了上述新年行事民謠外，還有許多各式各樣反映年節活動的民謠，如：

甜粿過年，發糕發錢，包子包金，菜頭吃點心。

年來了，是冤家，兒要帽，女要花，婆婆要米要糍粑，爹爹要肉敬菩薩，一屋大小都吃他。

囝仔愛過年，大人怕開錢，大人亂草草，囝仔愛年到。

年年都爲過年忙，買魚買肉上街坊，宰雞宰鴨供牲禮，炊糕炊粿兆楨祥。欣逢除夕樂融融。

洗擦農機好過年，合哺鼓腹慶新年，玉粒盈谷眞富貴，無病無痛是神仙，新年鑼鼓鬧喧天，白髮黃童講故事，紅男綠女笑連連，也有山歌疊疊傳，前堂唱到後堂轉，滿姑頭上貼花鈿。

年謠是古早資訊缺乏年代的產品，今天的工業型態城市型社會中，年味早已淡去，回味一下阿公阿媽口中的歡樂又忙碌的年景，讓我們一起共享這份失去的年趣。

新年來唱打鐵歌

大地回春，時序又掀開了新的一頁，在我國廣大的疆域中，隨著時序的更替，各地有各地不同生活風貌的呈現，在早年這個時候就會唱起不同的時令民謠，傳遞著時序轉換的訊息，其中尤以打鐵時令謠最具逝去年代的特色。

張打鐵、李打鐵；打把剪子送小姐，小姐留我歇，我不歇；打到正月正，騎著花馬看龍燈，打到二月二，兩個銅錢四個字，打到三月三薺菜花兒賽牡丹，打到四月四，四個銅錢八個字，打到五月五，糖包粽子送丈母，打到六月六，打開箱子曬霉綠，打到七月七，織女牛郎會此夕，打到八月八，八個老人打滑蹓，打到九月九，九個姑娘來朝斗，打到十月十，又是家家祭掃日，打到冬月冬，活爐火裡好用功，打到臘月臘，蠟梅花開我香煞。

張打鐵，李打鐵，打把刀兒送姐姐，姐姐留我歇，我不歇，我要回家去打鐵，打鐵打到正月正，正月十五看龍燈，打鐵打到二月二，家家戶戶接女兒，打鐵打到三月三，滿地菜花賽牡丹，打鐵打到四月四，一個銅錢四個字，打鐵打到五月五，砂糖粽子送岳母，打鐵打到六月六，蚊蟲叮來扇子撲，打鐵打到七月七，七根羊毛做板壁，打鐵打到八月八，八個兒童上寶塔，打鐵打到九月九，九個觀音來拜斗。打鐵打到十月朝，家家戶戶把紙燒。打鐵打到十一月，又是風來又是雪。打鐵打到十二月，又過年來又過節。

打鐵打到正月正，家家門上掛紅燈。打鐵打到二月二，長豆落蘇（茄子）都下地。打鐵打到三月三，薺菜開花賽牡丹。打鐵打到四月四，一個銅錢踢出四個字。打鐵打到五月五，買個豬頭賞端午，打鐵打到六月六，六隻貓狗洗冷浴。打鐵打到七月七，買個西瓜橋上吃。打鐵打到八月八，八個婆婆上寶塔，打鐵打到九月九，韮菜園裡辦喜酒。打鐵打到十月十，不做強盜就做賊。

朝打鐵，晚打鐵，年年打鐵沒有歇。打鐵打到正月正，正月元宵耍花燈。打鐵打到二月二，黃泥蘿蔔拌鹹菜。打鐵打到三月三，三月桃花賽牡丹。打鐵打到四月四，新苗嫩秧滿地是。打鐵打到五月五，雄黃燒酒過端午。打鐵打到六月六，汗流滿面混身臭。打鐵打到七月七，七夕銀河渡雙星。打鐵打到八月八，家家戶戶宰肥鴨。打鐵打到九月九，高粱糯米好釀酒。打鐵打到十月十，棉襖絮褲迎冬至。打鐵打到十一月，北風颳來好大雪。打鐵打到十二月，吃過年飯歇一歇。

以上四則不同地區的打鐵時令謠，都是以打鐵爲引子，早年打鐵這個行業極爲普遍，幾乎每個城鎮村莊都有他的存在，因爲無論農耕工具或廚房炊具，莫不與鐵有關。而打鐵的風箱抽風和鐵器敲打的節奏，都可配合著民謠吟唱。其次是打鐵的工作非常辛苦，不但要付出大量的體力，而且逼近高溫。何況早年勞工的工作並無法令的保障，工時甚長，這裡有很多的反映，如「朝打鐵晚打鐵」、「年年打鐵沒有歇」等。這些時序謠中，雖然出自不同的地區，內容也有各地不同的情趣，如節慶、花序、氣候、飲食等。但是大致上中國人年節的習俗還是很接近的，如正月裡的「看龍燈」，「掛紅燈」，「耍花燈」就是一例。

新春來唱歲時歌

一年復始，大地回春。在鑼鼓喧天迎接新年聲中，時序又掀開了嶄新的一頁。我國幅員遼闊，各地有各自的生活習俗，隨著一年四季的自然環境變遷，或勞動、或收穫、或娛樂、或休憩。

另一方面，鄉野農間亦有許多老農鄉嫗們傳頌著的時序謠歌，亦因社會形態的改變，逐漸被人淡忘，實爲可惜。值此新春時際，謹將平時收集之各地「歲時民謠」數則，或稱之爲「十二月令」和「十二月歌」，或以節令活動及食品爲內容，或以當地花卉植物爲題材，無論是用何種方式表達，都是描述當地在一年四季中的風俗民情，自然遞變。偶爾重溫一下祖先們吟唱過的歌謠，不但有一種懷古之情，更能讓讀者瞭解我國各地一年四季的民情風俗。若能因此提高讀者們對民俗歌謠的興趣，亦不失爲一件有意義的雅事。

江蘇糕點時令謠

正月裡鬧元宵，二月二撐腰糕，三月三眼亮糕，四月四神仙糕，五月五小腳粽子箬葉包，六月六大紅西瓜顏色俏，七月七巧果兩頭翹，八月八月餅小紙包，九月九重陽糕，十月十新米子新米糕，十一月裡雪花飄，十二月裡糖糕糖元寶。

江蘇水果詩令謠

正月甘蔗節節長，二月橄欖兩頭尖，三月愛珠（櫻桃）隨節熟，四月枇杷圓又黃，五月楊梅紅甘火，六月蓮子滿池塘，七月南棗樹頭白，八月菱角如刀尖，九月石榴正開口，十月金橘滿園香，十一月焙籠焙草忙，十二月龍眼荔子湊成雙。

江蘇的糕餅和江南的水果都是很出名的，這二首民謠裡，讓你瞭解江蘇人在不同季節所食用的糕餅茶點以及水果，其中除了六月天氣太熱不適甜點及十一月太冷了，十二月糖元寶和龍眼荔子都是過年時的吉利供品。龍眼荔枝也是結婚娶親時必備的乾果。

浙東時令歌

正月嗑瓜子，二月放鷂子（風箏），三月清明戴頂子，四月種田撒秧子，五月赤膊吃粽子，六月搧扇子，七月佬三（孤魂野鬼）拿銀子，八月月餅嵌餡子，九月重陽起風子，十月吊紅（水果名）和柿子，十一月正冬至，十二月落雪子。

寧波歲時兒歌

正月亂錯過，二月芥菜大（音陀），三月烏笋香，四月下水捉洋生（下海捕魚），五月五端陽，六月尋風涼，七月乞巧涼，八月划船鑼鼓敲得鼕鼕響，九月九重陽，十月芋艿煨雞娘（老母雞），十一月催錢糧，十二月阿毛屁股打得哇哇響（交不出錢糧要罰打屁股的）。

察哈爾時令謠

正月正，家家人兒門口掛紅燈。二月二，家家人兒待女兒。三月三，春風暖暖桃花開。四月四，麥子芒兒撥刺刺。五月五，洋糖粽子送丈母。六月六，瓜兒茄兒水綠綠。七月七，買個西瓜橋上切。八月八，穿上釘鞋登高塔。九月九，大家人兒飲杯酒。十月中，梳頭吃飯工。十一月朝，早上砍柴晚上燒。臘月臘，家家人兒吃完歲飯。

河南十二月令

正月寒，二月溫，正好時候是三月。暖四月，燥五月，熱六月，漚七月。不冷不熱是八月。九月涼，十月冷，十一臘月凍冰凌。

以上這幾首時令歌謠天南地北各異其趣。「浙東時令歌」是一首隨時令而唱出各種民間生活的點滴，如正月嗑瓜子，二月放風箏，三月上坟在墓上戴個頂子等等，而寧波人所有的歲時兒歌卻是以催錢糧爲主題的。在各個月份裡可瞭解寧波人生活的情況，如正月裡是在忙亂中渡過的，而芥菜、烏筍是寧波的農產也是寧波人普遍的菜蔬，寧波靠海四月天氣轉暖大伙兒紛紛下海捕魚去了。最後到十一月官府來催錢糧，如果你是一個遊手好閒之徒如阿毛（寧波人慣用名字）那樣繳不出錢糧，那就只有挨打了。遠在關外的察哈爾民情風俗又有很大的差別了，在這首民謠裡我們可以看到麥芒兒，洋糖粽子以及穿著釘鞋登高塔等情景，北國的河南和我們台灣在氣候上有很大的差距，這首十二月令歌裡描述的是當地的氣候。我們可以從此謠中去體北國的「冷、暖」。

湖北十二月花令

正月繡朵梅花開，二月杏花點春台，三月桃花紅似火，四月薔薇架上開，五月梔子心兒黃，六月荷花滿池塘，七月菱角浮水面，八月風吹桂花香，九月菊花家家有，十月芙蓉賽牡丹，冬九臘月無花彩，雪冷傲出梅花開。

蘇北十二月採花歌

小小蜜蜂頭帶針，一翅飛到萬花廳，花廳滿布靈芝草，蜜蜂採花到如今。一月採花花未開，二月芳草地下來，三月碧桃紅如火，四月葡萄架上開，五月石榴賽瑪瑙，六月荷花滿池開，七月菱角浮水面，八月海棠園中開，九月菊花遭霜打，十月霜打樹頭歪，十一月臘月無花採，要採鮮花等春來。

四川採花時令謠

正月採花無花採，二月採花花正開，三月桃花紅似海，四月薔薇處處開，五月梔子男女戴，六月荷花滿池開，七月菱角浮水面，八月風吹桂花香，九月菊花家家有，十月芙蓉賽牡丹，冬臘月間無花採，雪裡現出臘梅來，臘梅花兒生得苦，生在寒冬數九天，牆裡拎花牆外開。

花隨著氣候的變化而開謝，花也隨著地理環境的不同而互異，所以不同地點不同季節有不同的花開花落。上面三則以花爲主題的時令歌，可以瞭解各地不同的花訊。

這是二首是屬於兒童玩樂的時令童謠，通常是二個孩子對面而坐一方先合掌伸手，由對方伸雙手抹一下他的手背，再各自拍一下掌後伸出左掌雙方互拍，然後再自拍再伸右掌互拍，一邊吟唱一邊拍掌週而復始，直至全部唱完，這是一種早年兒童們最普遍的遊戲童玩，稱之謂「打花拍」。

鄂北打花拍時令謠

我打花拍正月正，正月十五玩花燈。我打花拍二月二，龍王廟裡吹笛兒。我打花拍三月三，三四白馬跑南山。我打花拍四月四，四個銅錢八個字。我打花拍五月五，河裡龍船打破鼓。我打花拍六月六，拿把扇子遮日頭。我打花拍七月七，七個相公坐一席。我打花拍八月八，拿個簸籮摘棉花。我打花拍九月九，九月菊花做香酒。我打花拍十月十，柿子開花人不知。我打花拍十一月，河裡凝冰凍死鼈。我打花拍十二月，家家門上對子貼。花拍長，花拍短，花拍常常打你臉。

南通打巴掌時令謠

一抹金，二抹銀，三抹古銅錢，四抹城門開，五抹打起來。打過正月正，家家戶戶掛天燈。打過二月二，大家小戶接女兒，打過三月三，薺菜花兒賽牡丹。打過四月四，掮根木頭挑個刺。打過五月五，洋糖粽子過端午。打過六月六，買個豬頭燒塊肉。打過七月七，拿個西瓜橋上吃。打過八月八，又吃月餅又吃鴨。打過九月九，重陽糕帶老陣酒。打過十月十，我做老爺你做賊。

客家種田時令歌

正月犁田天氣冷，二月耙田暖洋洋，三月蒔田行對行，四月耘田滿段青，五月肥田禾開花，六月割禾穀滿倉，七月黃麻節節高，八月花生噴噴香，九月蕃薯甜沁沁，十月芋頭收成多，冬月柑橘個個黃，臘月準備過年忙。

台灣十二月歌

正月正請子婿入大廳，二月二刣豬公謝土地，三月三桃仔李仔憑頭擔，四月四桃仔來李仔去，五月五龍船鼓滿街路，六月六打碌碡（農田車水），七月七龍眼烏石榴闢（音畢，裂開之意），八月八牽豆藤挽豆莢，九月九風吹滿天哮（帶著響笛的風箏），十月十收冬頭家請長工（慰勞一年辛苦），十一月年仔年家家戶戶挲圓，十二月換新衫炊粿。

秋收之後田頭家慰勞僱工一番，勞僱關係多麼和諧。另外同樣以農田為主題的江西福安時序謠中，有不同的農產品出現，如棉花、蕎麥等，這是台灣地區很少見的農作。

江西時序謠

正月鼕鼕嗆，二月滿隴青，三月細細過，四月有麥熟，五月賽龍舟，六月有登圃，七月檢棉花，八月朝菩薩，九月收蕎麥，十月有豆吃，十一月做針線，十二月好過年。

以上三首時令歌，前二首採自台灣，一是福佬一屬客家，另一首爲江西福安，均以農田耕作詩序爲主題，這裡我們可以看到農家作業的進程，以及農閒的娛樂，如划龍舟，放風箏、過年等等。其中最富人情味的是「收冬頭家請長工」。

台灣十二月歲時歌

農業社會時代，生活勞動幾乎沒多大差別，所以一到年末歲，大家會高唱「十二月令歌」。「十二月令歌」又稱「歲時謠」，在幅員遼闊的中國大陸，各省各地都有將自己的生活習俗，自然環境，勞動休閒等編唱的「歲時謠」，在鄉野農村間傳誦歌唱，台灣早年尚在農業社會時，也有過自己的「十二月令歌」，但因社會形態的改變，老祖母唱過的歲時歌謠，已經鮮有人能琅琅上口了，時值冬暮歲末，特選台灣本土歲時謠數則，供大家體會一下舊時農業社會生活情趣。

（一）台灣十二月歌

正月正請子婿入大廳。二月二刣豬公謝土地。三月三桃仔李仔憑頭擔。四月四桃仔來李仔去。五月五龍船鼓水來渡。六月六踏水車拍碌礡。七月七龍眼烏石榴必（裂開）。八月八牽豆藤挽豆莢。九月九風箏滿天哮。十月十收冬頭家請長工。十一月年兜邊，家家戶戶人挱圓。十二月炊甜粿來過年。

（二）台灣歲時謠

正月正在迌迌，聽見博較（賭博）聲。二月二老土地。三月三桃仔李仔雙頭擔。四月四桃仔來李仔去。五月五西瓜排甲滿車路。六月六頭家落田拍碌碡。七月七龍眼烏石榴必（裂）。八月八牽豆藤挽豆莢。九月九風箏滿天哮。十月十人冬瓜糖霜落錢盒。十一月人焚火。十二月人炊粿。

（三）台灣一年歲時歌

正月正牽新娘入大廳。二月二土地公搬老戲。三月三桃仔李仔雙頭擔。四月四桃仔來李仔去。五月五龍鼓滿街路。六月六做田人打碌碡。七月七芋仔蕃薯全全劈。八月八牽豆藤挽豆莢。九月九風箏馬馬哮。十月十挨（磨）圓仔粹，十二月賣噴春花。

（四）台灣客家種田時令歌

正月犁田天氣冷。二月耙田暖洋洋。三月蒔田行對行。四月耘田滿段青。五月肥田禾開花。六月割禾穀滿倉。七月黃麻節節高。八月花生噴噴香。九月蕃薯甜沁沁。十月芋頭收成多。冬月柑橘粒粒黃，臘月準備過年忙。

歲末寒冬九九謠

台灣是個亞熱帶的海島，四季如春，雖在冬天，卻絲毫不見冬味。在大陸上，大部份的地區是四季分明，時序漸進的。大凡一過冬至就正式進入了冬令，氣候也漸漸由涼而轉寒，直到冰封雪凍，這種由秋入冬再由冬到春的時序轉變，有漫漫三個月的時間，也是一年中最寒冷的一季。那種徹骨嚴寒，絕不是生活寶島台灣的居民，可以想像的。

在大陸各地，都有一種以九爲進位描述冬天時序變化的民謠，在這些民謠裡面我們多少可以意味出大陸各地冬天的況味。這種民謠一般稱之謂「九九歌」或「九九謠」。一過冬至大家就開始「數九」了，一直數到九九八十一，才能送走嚴冬，暖和的春天也盼著來了。所謂「冬至逢壬便數九」，所以這種民謠也稱作「壬數九」。

一九二九不出手
三九四九冰上走（河川冰封了）
五九六九楊河看柳
七九開河

八九雁來（南雁北歸）
九九八十一冬去春又回
（北方）

一九不出手
二九冰上走
三九凍死貓
四九凍死狗
五九不出門
六九蹓遠走
七九河開
八九雁來
九九脫棉衣
（北方）

以上二首流行在北方的「九九謠」，雖然內容繁簡不一，但一眼就能看出入冬以後到春臨大地的情況，如北方嚴寒，一到冬天河川結成厚冰不但可以「冰上走」，而且還可以拉火車呢！一到六九時節天氣已漸轉暖，可以「看柳」和「蹓遠走」了。一到七九河水解凍，八九南雁北歸，數到九九就可脫去棉衣「冬去春又回」了。

一九二九懷中插手
三九四九凍死豬狗
五九六九沿河看柳
七九六十三，行人路上把衣擔
八九七十二，作房工人脫長襖
九九八十一，莊稼老兒田中犁
（山東）

一九二九懷中插手
三九四九凍死老狗
五九六九沿河看柳
七九六十三，路上行人把衣擔
八九七十二，棉絮可以拋
九九八十一，栽秧老漢兒田中立
（四川）

這二首「九九謠」雖一屬山東，一屬四川，但內容相差無幾，在這裡我們能看到一些生活的點滴，如「作房工人脫長襖」、「莊稼老兒田中犁」、「栽秧老漢兒田中立」等等。

一九二九霜風吹裂手
三九二十七簷前倒掛筆（冰柱）
四九三十六黃土生白肉（下霜了）
五九四十五窮伴爲年苦（快過年了）
六九五十四草叢生嫩刺（草發芽了）
七九六十三行人路上脫衣單
八九七十二黃牯氣力溫（春耕開始牛要累了）
九九八十一冬令全完畢
（湘陰）
一九二九瀉水不流（水結冰）
三九廿七棒打不出（寧挨打都不敢出門）
四九三十六夜眠如露宿
五九四十五風雪滿天舞
六九五十四笆頭抽嫩刺（爬在籬笆上的藤蔓發芽）
七九六十三破絮兩頭甩

八九七十二黃狗向蔭地（狗要找蔭涼天已漸暖了）
九九八十一犁耙一一出
（浙江餘姚）

一九二九滴水不流
三九四九膠開搗臼
五九四十五太陽開門戶（要等太陽出來才敢開門）
六九五十四和尚不出寺
七九六十三破衣兩頭帶
八九七十二黃狗覓蔭地
九九八十一飛爬一起出（冬眠已過禽獸又出洞穴了）
（寧波）

以上這三首「九九」謠，前一首是屬於華中地區的，後二首是我鄉浙江的，這三首民謠的用語較北方的繁複，而且充滿了暗喩，如湘蔭的「前倒掛筆」、「黃土生白肉」喩下雪後屋簷掛著冰柱，和落霜的情景，又如後二首中的「瀉水不流」暗喩結冰，「棒打不出」表示冷得不敢出門。「飛爬一起出」表示冬眠已過飛禽走獸都活躍起來了。

最後再摘錄一首較特殊的「九九謠」，因爲一般都是冬至過後才「數九」，內容也是描

述寒冬景況的，可是這首「九九謠」卻是從夏至數起，因此內容卻相反，非常有趣

一九到二九扇子不離手

三九二十七冰水甜如蜜

四九三十六出汗如淴浴（洗澡）

五九四十五樹頭風葉舞

六九五十四天涼勿入寺（寺廟多大樹天涼不宜進入）

七九六十三上床要被單

八九七十二褥上加棉被

九九八十一家家打炭結（一種用炭屑做的炭球，專供銅製手爐、腳爐用的取暖燃料，天氣已冷準備烤火了。）

南門市場年景憶往

大概有很多人每天經過寬闊的羅斯福路，從來也未曾想到過車水馬龍的路中央，原來也曾經被違建佔領，從愛國西路口起一直到羅斯福路與南昌路交叉口，將羅斯福路一分爲二，成爲二條狹窄擁擠的小街。尤其是寧波西街口的南門市場附近更甚。

民國三十八年政府撤離大陸，大批忠貞之士隨政府來到台灣，台北這個首善之區立即有人滿之患。除了部份軍公教人員得到政府的安排，大多數連一個避風躲雨落腳之處都沒有，當時在光復初期，接收的土地廢墟尚未整理登錄完備，所以只要有塊空地就可以搭蓋起遮風擋雨的小屋。羅斯福路也因此繁榮了起來，尤其靠近南門市場部份，既可安家又可設攤開店做些小買賣。的確給當年逃難避秦的大陸人士解決了生活上的急難。

南門市場因地居要衝交通方便，再加上周圍增添了各種大陸口味的傳統食品和土產，一時生意興隆高居羅斯福路三大市場（古亭、水源）之首。尤其年節接近的時候，台北市遠遠近近的外省籍老鄉們，都會趕到這裡來採購一些鄉土年貨，這裡就像大陸上趕集一樣，每天一早就人擠人了，因爲這裡能滿足他們的需要思鄉之情。

沒有改建大樓的南門市場是一座敞篷式的大平房。在記憶中印象最深刻的是二家香燭店和一家寧波年糕店。其中一家大生香燭號的店東袁定華先生，卅九年在新店雙溪口經營木材生意時，與筆者舊識，木材行結束後這裡開香燭舖，以其一手漂亮的毛筆字寫喜幛輓聯。袁先生爲定海才子，善詩文謎學。每逢元宵上燈。大生香燭號門口就會懸出一條一條的燈謎，供來往行人及愛好者猜射，一時人熙熙攘攘，擊鼓敲鑼夾雜著歡樂歎息聲。好一派元宵樂。袁先生提倡謎學不遺餘力，台灣省第一個也是全國最大的謎社——集思謎社，就是他創辦並擔任社長，直至民國六十二年逝世爲止。

香糯細白的寧波年糕是有口皆碑的。緊挨著大生香燭店的一家年糕店大概是台北唯一現春現賣的，年糕店由一群寧波籍的退伍軍人經營，平時看不出其特色，一到近年，年糕店就忙碌起來了，每天清晨天色微明，別的商店大門深鎖，年糕店早已燈火明亮，店堂中的大竈裡已烈火熊熊，蒸籠上氤氳著迷漫的乳白色水霧。因爲店面淺小不得不將就把工作場所移佔到行人道上。倚著牆腳一隻斜放著的粗重石臼裡已經倒進了剛蒸熟的年糕粉。老鄉們在寒冽的晨風上還是光著上身，用粗大的木杵一杵一杵地在春搗年糕了。嘭！嘭的節奏可以傳過好幾條馬路。市場一開市一紮紮的尚有餘溫的年糕早已被搶購一空了。除了年糕，司務的巧手還可以把年糰捏成聚寶盆、三牲、元寶等祭典用品及各種吉祥動物，手藝絕不遜於街頭的捏麵人，而老鄉們濃濃的寧波口音更讓人感到親切。再過去是一家臘肉店，整個店裡除了一張小桌子，一把油膩膩的秤，空曠得不像一家做買賣的，但是店的四壁卻掛滿了一條條紅褐色的臘肉，雖然以現代的眼光來評估，會覺得毫無吸引顧客購買慾的條件。但是顧客卻絡繹不斷，就憑著「正宗湖南」這幾個字，加上門口那幾隻大鐵桶，日以繼夜地用松針松子薰悶的濃煙，就足夠招徠了。如在今天大馬路上放著濃煙不斷的大鐵桶，早就在污染環境品質違反環保的罪名下被取締掉了。也因爲如此羅斯福路的湖南臘肉就遠近聞名，嗣後每逢年節，臘肉店如雨後春筍般，一家家地增加甚至在廊下巷口都是臘肉攤，形成了遠近馳名的臘肉街，直到現在年關一近，臘肉、臘腸、臘豬頭就一批批地掛了出來。依舊是當年的盛況，但已經看不到現薰現賣的場面了。

市場的周圍更是熱鬧，金華火腿、福州燕餃、山東大餅、湖州粽子、南京板鴨、寧波鹹鲞等等眞的看得人眼花撩亂，民國五十三年（一九六四）高玉樹當選市長後，拆除違建，恢復羅斯福路原貌。羅斯福路拓寬後雖然失去了趕集般的擁擠。但仍有股鄉土的味道，可惜從市場改建大樓以後，所有違建小舖都被容納進市場內。鄉土食品並未因此而減缺，當年的腳步漸近的時候，這裡仍然人潮如昔，但已經看不到當年那份現做現賣，使人懷念的鄉土市集形態。

憶滿街飄香臘肉街

臘肉，是早年過年的必備菜餚之一，這是古時農業型態的社會結構中，農家往往平日省吃儉用，年節就殺豬宰羊。家裡殺一頭肥豬，人口再多也無法輕易將肉消耗掉，大陸冬天酷寒，把肉抹把鹽加上香料，醬油裡浸泡一陣子，再用松枝燒火燻一燻，掛起來在冬陽寒風下晒一晒，就成了可口的肉品，因爲在寒冬臘月製作，所以叫做臘肉。

在天氣暖和的台灣，本來不適宜製作臘肉，直到民國三十九年，政府遷播來台，大批大陸人士隨政府和部隊來到台灣，各省的鄉土食品也跟著逐漸在市場出現，臘肉也是其中之一。

在台北市早年大陸食品最多的市場，首推羅斯福路一段的南門市場，如寧波水磨年糕、福州燕餃、山東饅頭、金華火腿等等，一到過年最令人記憶猶新的是滿街蒸年糕的水蒸和烘燻臘肉的松枝濃煙。當年羅斯福路的中間有一條一直迤邐到南昌路交叉的違章建築，矮小簡陋的小木屋裡，大部份住民是從大陸逃難來的，他們收入有限生活艱苦，一到年節製作一些鄉土食品出售，賺些年節費用，這裡最多的是製作臘肉。一直到路中間的違建拆除，馬路拓寬之後，兩排的臘肉店依然沒有稍減，也一直是台北市民心目中的「臘肉街」。

臘肉街自南門市場開始，一直到和平東、西路口，那時雖然一排都是樓房，但卻全是木架磚造的，臘肉舖也大都只在店裡擺上一張桌子，四壁釘個架子，掛上各式各樣的臘肉、臘腸、風雞、板鴨等，而唯一做生意的工具是一隻油膩膩的磅稱。臘肉店不一定都有店面，巷口、走廊下，路旁擺上一張桌子把肉在牆柱上一掛，都可以做生意了。但他們有志一同是門口必然貼上一張大紅紙，寫著「正宗湖南臘肉」。一到過年這裡人來人往，比今天的迪化街有過之而無不及。時代的進步，舊樓房都拆除蓋了大樓，臘肉店生存的空間越來越少，雖然在國語日報及消防隊附近尚有一、二家，在年節時還會掛出應節的臘肉，臘肉街已成歷史名稱了。

錢包·米袋·金元寶

對於廚房，一向是較陌生的地方，並非「君子遠庖廚」的士大夫觀念作崇，實是對油煙、油膩有天生的排斥性。所以平時總是離廚房遠遠的。但是也有例外，那就是每年過年的時候，一定會繫上圍裙，親自下廚，弄幾隻道地的家鄉年菜，給家人共饗，這幾乎已經成了慣例。雖然長久以來，家人都已經學會了我這一套「手藝」，但是他們卻個個都到時藏拙一番，要老爸親自掌廚，說我做的年菜吃起來特別過癮。

記得抗戰的後幾年，日軍開進了上海租界，父親收起了買賣，全家人回到老家浙江餘姚的鄉下避難，有好幾個年是浸沉在古老傳說的氣氛中渡過的，至今印象猶新。鄉下人過年事事講究彩頭，在吃的年食方面當然也都要配合，如正初一要孩子們吃年糕、粽子，意含「年年高中」。每人喝一碗滿滿的桂圓茶，象徵富富貴貴，圓圓滿滿和甜甜蜜蜜的未來。雖然抗戰時期物質生活極爲艱困，但過年的時候，幾樣象徵財富的年菜是不可或缺的，那就是湯糰、蛋餃和千張包。金黃色的蛋餃像一隻隻的金元寶，用千張（百頁）捲裹鹹菜、粉絲、肉靡的千張包，像用油紙包著一捲捲的銅板或銀圓。而浙江人的湯糰（圓）是圓形還帶著一個尾巴，說是象徵一袋袋的米穀，小時候雖然未曾自己動手去做過，但是偎在母親身旁，看她忙著製作的過程，印象是很深的。那時候豬肉沒有現在那麼豐富，過年時也只有象徵性的剁幾塊。當然沒法像現在那樣，煮他一大鍋紅燒肉，痛快地吃幾天。但是肉少有少的烹飪法，家鄉過年就有二個可以吃過燈節的大年菜，一個是用肉、冬筍、豆乾切丁加辣火（椒）醬做的什錦辣火醬，另一個是黃魚鮝（乾）或鰻鮝熓的鮝凍肉。這二道菜一做就是一大砵，家鄉冬天寒冷，不要冰箱也不愁會變質。在家鄉那幾年生活非常清苦，年節給我在記憶裡留下的，也只有這一些。

在台灣成家有了兒女後，每年過年爲了一解鄉愁，讓孩子們嘗嘗家鄉年菜，平時不下廚的我，總會親自到市場選購，然後剁切煎煮，除了妻準備的年菜外，年夜飯終是不會少這幾道家鄉年菜的。雖然初作時味道並不道地，但經過幾年的實驗，大致已很接近家鄉原味了。今天孩子們都長大了，他們和妻都耳染目濡下，對這幾樣菜的簡單配料和烹法，早已瞭若指掌，但他們始終未曾去做過，而市場和超市已有蛋餃、千張包出售，我們家裡也沒有買過現成的，因爲他們要讓我保持這一份難得的樂趣，其次是認爲外面做的就是少了那份家鄉味。

年又近了，這幾年我的「製作量」增加了，因爲孩子們嫁的嫁，另購屋居住，雖然年夜飯還是會聚一下，但吃過後都要帶些回去，因此年近了我又得忙著準備做這份也是私房菜的年菜了。

吉利年食趣談

中國是著名的講究吃的民族，平時不但要吃得色香味俱備，過年過節要吃得吉吉利利。因此各種菜餚食品一定要取其意，更要刻意冠以充滿著吉利的菜名，如年夜飯中少不了的魚。除了有些地方不准動筷吃，有些地方准吃而不能吃光，以取其「吃剩有餘」之意外，還必需還選擇鰱魚以示「連年有餘」。東北地方雖也准予在年夜飯中吃魚，但是不准將魚頭魚尾吃掉，表示「有頭有尾」。

北方人過年時都吃餃子，因爲以麵爲主食的地方，能吃一頓擀得薄薄的麵皮裡包著肉餡的餃子，算是一大享受。尤其是早年農村耕作技術落後，又多天災人禍，人們大都生活不富裕，所以有「坐著不如倒著，好吃不如餃子」的俗諺。可見當年視餃子是一種無上的美食。而餃子的另一個特色就形狀像一錠錠的元寶，所以過年吃水餃在北方都美其名曰「吃元寶」。當然是過年的吉利食品了。

在江浙一帶吃年夜飯就比較講究，菜餚當然也都是吉吉利利的，如火腿燉蹄膀稱作「金銀蹄」，蹄膀又稱作「一團和氣」。什錦大火鍋稱作「一品富貴鍋」，火鍋裡的蛋餃象徵「金元寶」，粉絲寓意「福壽綿長」，冬筍則是「節節高昇」。雞鴨翅膀又是「鵬程萬里」，而浙江在吃年夜飯時必須吃湯圓，表示「團團圓圓」。而且在初一早晨的早點是年糕和粽子，寓意「年年高中」。

在廣東年菜中更是趣味百出，如一道髮菜燒冬菇以粵語諧音成爲「好市大發財」，魚丸髮菜成了「如願發財」，大蝦的諧音是「大笑」，一般大蝦就是「哈哈大笑」了，冬瓜盅裡加粉絲是「有始有終」。其他如蛇肉燉雞叫做「龍鳳呈祥」，白果木耳粥叫做「銀樹開花」。廣東「及第粥」當然也是年節的吉利食品了。

在安徽過年時要吃魚頭、茨菇、芋艿，因爲這些品的諧音爲：「餘頭」、「時至」、「運來」都是新年的好彩頭。在雲南過年吃芹菜希望這一年大家「勤勤快快」。嘉興平湖新年要做一種發糕加上紅棗。希望「早發」。山東某地年初四要吃一種黏糕，是大黃米麵和肉棗蒸成的。金黃色的大糕上嵌著鮮紅的紅棗。他們稱之「金鑲玉」。名字如此美，當然糕的味道也可想而知了。

在台灣過年時的吉利食品也相當多，如吃韭菜「久久長長」，吃蘿蔔是「好彩頭」。吃魚丸、肉丸、花枝丸「連中三元」和「團團圓圓」。芥菜是「長年菜」。吃雞是「起家」。吃蚶象徵「發福」。吃甜粿、菜頭粿、發粿表示「年年高升、年年發財。」另外還一種以絞肉、蝦仁、蔥等作料作成球狀，以油炸成金黃色的蝦球稱作「滿屋金錢」的確是大吉大利的好彩頭。

其他一般人過年必備的是黃豆芽，因爲其形如「如意」，在過年的時候餐桌上有這道菜不就是「年年如意」了嗎？再加上客廳裡擺上一盤桔子和蘋果，那麼這一年一定是「大吉大利，平平安安」的了。

吉利年菜自己做

我的童年適值抗日戰爭，家境本來就不富裕，不幸父親又死於戰亂。故此一家老少的生活重擔全落在母親的肩上。雖然在幾位遠房叔伯的支援下，幾畝祖田收穫尚不至缺糧斷炊；但其它費用則靠母親女紅來補貼，因此平時的家用一直節儉到最低限度，餐桌上難得見到暈腥。雖然如此，但逢年過節母親絕不吝嗇，用平時節當下來的錢，讓我家的年節過得跟別人一樣，人家有的咱家絕不缺少。如端節的粽子、中秋的月餅，甚至元宵節的燈籠，母親的用心是讓我們兄妹活得與別人一樣有尊嚴。

過年一向是家鄉的重大節慶，莊稼人寧可刻薄自己，也不敢怠慢祖先、神明。所以一入臘月，母親就將辛苦餵飼的豬隻處理掉，除了自己過年需要的外，賣掉豬肉換取年貨。雖不豐富但也雞鴨魚肉樣樣具備。除了敬神祭祖外，當然是讓我們大打牙祭一番了。

除夕是一家團聚共享天倫的時刻，吃年夜飯的桌上都是平時吃不到的母親廚藝。過年講究吉利，黃澄澄的肉餡蛋餃象徵金元寶，用百葉包鹹菜乾絲的千張包，是代表錢包，八寶辣火醬是金銀珠寶，還有一道魚乾燉肉的羹凍肉是象徵富貴有餘。雖然母親不允男孩窩在廚房裡，將來沒有出息，但孩子們都喜歡暖烘烘的灶邊，所以對這些年菜，在耳濡目染之下，留下深刻的印象。

流亡來台後，每逢過年就會想家，一想家就會想起那些年菜，十幾年流浪生涯紿終未曾再嘗過媽媽的味道，一直到結婚成家的第一年。雖然妻的烹調手藝不錯，但除夕的夜堅持憑記憶親自採購、下廚。一頓年夜飯不但找回了童年，也找到了媽媽的味道。從此每逢過年，平時遠離庖廚的我，必親自下廚。若干年來對於這些其實很簡單的年菜，妻絕對會調理得比我高明，但始終未曾借之她手。孩子們不能深入體會，常說老爸頑固，妻卻一直能了解我的心情，所以除夕的一頓團圓飯，是我家最歡樂的時刻。

奶奶的年菜

母親過世已經二十年了。孫輩們始終沒有見過她的面，至是每到春節大家都會懷念她老人家。雖然孩子們都已經成家立業。嫁的嫁，出國的出國。但是年一到他們回來也好，信或電話中都忘不了提及奶奶的年菜，而各人家中除夕的年夜飯桌上，已少不了這些。

我們浙江人過年都非常講究，吃的穿的以及擺設的，都有一定的規矩和禮俗，自小每個人都在大人的口述的行動中，深深地銘刻在心版上，也就如此代代相傳。可是兵荒馬亂烽火四起之後，家人四散流落異鄉，每逢年節鄉俗舊禮也全都無法遵行。心中一直存著一份愧對祖先的愧疚。一直到了結婚成家，過年有了一個固定的窩，可以自由自在地，要怎麼過就怎麼過。不像獨身時代在同事朋友家裡，去當不速之客，跟隨人家拈香、禱告、吃香、喝辣。反正是入鄉隨俗，抱著一份隨遇而安的心情過一個年。人家那份同情憐憫之心，感激都來不及，那裡還敢也沒有理由要求些什麼的。感謝妻不挑剔，一切聽我的。從此，每年都有了一個像點樣的年過，雖然無法將家鄉的那套完全搬過來。

過年的習俗，祭祖拜神全國各地大同小異，但是在吃的這方面，卻天南地北各有各的方式了，如北方人吃水餃、南方人吃年糕。年夜飯桌上雞鴨魚肉大致相同，唯我鄉人卻有幾樣備的食品菜餚，如湯糰、蛋餃、千張（百頁）包，鰲凍肉和辣火醬。我鄉湯糰圓圓的還帶一個尾巴，形狀像一袋袋的米，蛋餃色澤金黃，狀如元寶，當然象徵招財進寶了，而千張包一捲捲地，像早年一包包的銅板或銀元，當然是錢包了。這些都是吉祥之菜，至於鰲凍肉和辣火醬則是一種下飯的菜餚，都是一大缽一大缽地做的，因爲家鄉的年俗，開正以後到初五是不准動刀的，飯可以煮菜卻下不了鍋，因此這二種菜只要熱一下就可以端上桌了，其他肉類也都在年前切好了的。以上的菜餚在過年時才吃得到，而且自我懂事以後，一直是母親做的，看她剁餡，看她包、炒、燉、煮。因爲我是個男孩，母親不會叫我下廚，當然也不會教我烹調，男孩只要牢記如何祭神拜祖的過程就可以了。但是自小在耳染目濡之下，對這些菜的配料，製作都已有了深刻的印象，所以自覺不會比母親做的差得太遠。數十年離鄉背井，就在年節時鄉愁最濃，每年就靠這幾樣吃的來解鄉愁，而孩子們也了解我的心情，一直管稱這些菜爲「奶奶的年菜」。

近十年來台灣社會起了極大的變化，人們的生活富裕了。尤其在吃的方面，可以說是應有盡有，「奶奶的年菜」中除了鰲凍肉在少數道地的江浙館子裡才能吃到外，其他的蛋餃、千張包、湯糰不但在菜市場中都可以買到，現在都做了冷凍食品，在超級市場一年三百六十天天天都有，辣火醬什錦也是極普遍的現成小菜，但是我們的孩子卻最愛吃我親自下廚做的，因爲「奶奶的年菜」才是道地的，貨眞價實的家鄉味，何況又是老爸親自掌廚的。

去年帶著二個孩子和內人，回到分別了四十餘年的老家，然後在上海妹妹家中過年，在吃團圓飯的時候，餐桌上居然也上了「奶奶的年菜」，在孩子們大感驚訝中嚐到了和在台灣家中完全一樣的滋味時，不禁對著牆上母親的遺像，大呼這是「奶奶的年菜」，當我和妹妹的眼光從母親似乎極感安慰的微笑中移開時，彼此的眼中都已熱淚盈眶了。

過年，吃吉利隔年食品

隔年，顧名思義是越過年的意思，其實所謂隔年也不過是隔日而已，因爲農曆年三十到來年的年初一，只是一夜之隔。在我國許多地方的年俗，正月初一起有幾天是不能動刀下廚的，所以一般在過年時都準備了大量食物，到新年燙熱一下就可以吃了，這些食物都經過時序的更替，從去年來到今年，是名副其實的「隔年」食品，但是也有許多是含有其他吉祥意義的，現在讓我們來看看有那些地要在過年時，有吃隔年食品的習俗。

隔年飯：浙江杭州一帶的茶鄉，每年除夕農家都要用糯米白糖做成飯糰，倒扣在碗中，飯上嵌看金桔、桂圓肉、紅棗等，象徵吉利，團圓和早貴早發等。這碗飯除夕夜待所有的年菜都燒好了，才能放入鍋中加上鍋蓋，等第二天正月初一舉火蒸熟，取出後全家分食，以示「吉祥如意，隔年有餘」之意。因爲是從除夕放入鍋中，初一才取食，所以叫做隔年飯。隔年飯還規定由新媳婦製作，如這年沒有新媳婦，就由長女代勞，公婆或父母則在旁指導，含「新人代勞」和「敬老愛幼」之意。

吃隔年飯除了杭州以外許多地方都有，只有飯的做法和進食的方式不同而已，「直隸志書，平遙縣」中有記載「除日早食糕，晚留飯至日食，名曰隔年飯」。

隔年陳：隔年陳與隔年飯最大的不同是隔年陳有飯有菜，解決新年期間不能用生肉生糧做飯菜的不便，也寓有家給人足，年年有餘之意，隔年陳準備越多越好，吃得久表示富得久，富有人家往往可以吃到元宵節。因爲大陸地區冬季寒冷，可以不必擔心菜餚變質。隔年不但自己吃，也是正月裡待客的佳餚。清姚興泉著「龍眠雜憶」中對安徽桐城年俗有這樣的記載：「桐城好，年飯待鄉親，大盤大碗從熱。新歲新年不下生，只是隔年陳」。

隔年陳亦稱「長年飯」，如江淮地區的和縣、含山等地俗稱吃隔年的飯菜叫「吃長年飯」。

隔年菜：亦稱長年菜或長命菜，是福建和台灣等地區的年俗，清乾隆「台灣府誌」卷十二中引赤嵌筆談云：「除夕前數日以各種生菜沸水泡甕中，以供新歲祭祀之用。餘則待發變後食之，名曰隔年菜」。「廈門歲時風俗瑣記」則說「以生菜沃沸湯，簪紅花，供子神前，曰長年菜」，一般將除夕祭祀用的生菜置於瓷碗中，簪上紅花，煮時再加上粉絲，在新正時吃，有綿綿不斷，長命百歲之吉祥意，故亦稱爲長年菜和長命菜了。

隔年撈飯：是華北地區的年俗食物。除夕當晚用小米煮成撈飯，上面嵌一顆鮮紅的櫻桃，四週嵌四顆紅棗，再在上面放一個麵粉做的蛇盤盤，大致是放到過新年初二、三才吃，故稱爲隔年撈飯。撈飯的做法是將小米煮到剛開花，立即用笊籬撈出，放置在碗盆中，用鏟子按緊，再加上一個碗，稍頃再用鏟子鏟成薄片即可食用。

隔年餃子：餃子這個名稱據說是由「交子」二字的諧音轉變而來的，因爲我國東北地區在除夕的夜晚，有子夜吃隔年餃子的年俗，他們在大年夜接過神，一家大小就圍在一起吃白麵餃子，這時是舊年逝新年到的時刻。從舊年吃到新年，故曰隔年餃子，過年的餃子包法特別，有元寶形和麥穗形等，有些餃子裡還包著錢幣，無非是預祝來年賺大錢和莊稼豐收，而能吃到有錢的餃子，更表示來年一定行大運。

隔年麵，吃隔年麵的年俗分佈於山西、陝西和內蒙古一帶。該地在過年前都會用麵粉或豆粉做成麵條，掛起來放過年以後，在正月初二或初三煮來說，因而叫做隔年麵，隔年麵也寓意連年豐收，吉慶長遠之意，在其他以麵爲主食的地區也有這種年俗。

吉利年食話年糕

年糕，是國人過年時不可或缺的吉利食品。因爲意含「年年高，節節高」之故，全國各地幾乎都有它的存在，只是製作過程和材料隨地區不同而已。

寧波年糕的名氣比一般的較大，在台灣一年四季，在菜市場、小吃舖裡都可以買到或吃到，其實所謂寧波年糕，實際上是浙江大部份地區的年食，可能是寧波人在海外的人較多，大家都以寧波年糕稱之。因爲這種年糕本身沒有添加其它配料，白米磨粉、蒸熟，放在石臼裡用力舂過，然後搓成長條，用小木板模子壓扁就成了。也因此它的吃法也就比較多樣化。如可以煮來吃，加上肉絲、白菜等作料，就成了鹹的湯糕。加白糖講究一點的再加上桂花滷，敲上一個雞蛋，就是甜湯糕也可以加白菜肉絲用油炒來吃。記得小時候過年，年糕都是在飯鍋裡蒸，或火盆中烤熱了再沾糖吃的，怎麼吃都是非常適口的。其實寧紹一帶，年糕也只有到過年的時候做一次，平常除非在城市裡，想吃也吃不到的。正月初一早上每家都必吃年糕和粽子，因爲「糕」和「粽」的諧音是「高中」。大概是科舉時代遺留下來的習俗，直到現在還遵行著。

江蘇是以甜點馳名全國的，所以過年時的年糕也都以甜食爲主，我們各大百貨公司的年貨部裡，可以看到各式各樣包裝得非常漂亮，著名的蘇式糖年糕，有紅豆、百果以及紅玫瑰、桂花、豬油等等。比起寧波年糕它要誘人得多，但是它只能加熱了就這樣吃，因爲本身已經加料成形，就無法再加料加工了。

台灣過年的時候家家戶戶都要「炊粿」，粿就是糕。式樣很多，也是含有各種吉利之意。最主要的是甜粿。甜粿也是用米磨粉蒸熟而成的，就是少了一道放石臼中搗樁的過程，因爲是純糯米做原料，吃的時候還是很Q的。甜粿因加添的糖不同，可以分爲白色和淡咖啡等二種顏色。其他還有發粿、菜頭粿等，以取其「發」和「好采頭」之意。所以有「甜粿過年，發粿發錢」之說，湖南人的年糕叫「糍粑」。做法前段和台灣做甜粿一樣，先將糯米用水泡軟，磨成粉後壓去水份。用刻有各種圖案的模子壓出長的、方的糕狀，蒸熟後加上梅花紅點，看起來亮麗悅目，待冷卻後浸入水缸中，可以吃到正月底，也有人在糯米中加入玉米同磨，做成金黃色的「糍粑」，雖然粘性較差，但另有一種風味。湖南人過年供奉神明的供品中，不能沒有「糍粑」。

雲南人過年要吃「粑粑」，「粑粑」也就是雲南的年糕。一到臘月街上就出現了做「粑粑」的。他們專門爲準備過年做年糕的人家服務的。他們的師傅將人家挑來已經浸泡好的香米，上蒸籠蒸熟再倒進石臼中舂好，然後搓揉成一個個圓筒狀的「粑粑」。他們收取些加工費，卻省去人家在家裡的好多麻煩。這種紅裡帶黑的年糕也叫「耳塊」。「粑粑」的吃法和寧波年糕差不多，可以放進灶洞裡烤得黃黃地沾糖吃，也可以加臘肉、酸菜、大蒜、豌豆煮或炒來吃，更可加上紅糖、酒釀煮成湯糕來招待拜年的親朋好友，是新年裡最普遍的年食。

廣東人的吃是聲名天下的，因此過年的時候，年糕的花樣也是全國首屈一指的。廣東年糕可分作二大類。一是甜年糕，用糯米粉加糖蒸成的。但是裡面有許多不同的原料，如豬油、紅豆、芋頭、核桃仁、橄欖仁、瓜子、松子、芝麻等等，變化出各種香甜可口的甜年糕。至於鹹年糕則添加了爆香過的臘肉、臘腸、蝦米、火腿、干貝等等，而蘿蔔糕也用高湯煮爛了蘿蔔絲，再加入土鯪魚肉和蝦米、香菇等等，當然是味道甜美，成了新年裡最佳食品了。廣東人稱年糕為「粄」，所以一到過年，「甜粄」、「鹹粄」、「發粄」、「煎粄」一大堆，雖然年糕的味道各有不同，但是廣東年糕有一個共同點，就是所有年糕都是圓形的，每塊年糕上都要放上一顆紅紅的棗子，以示團團圓圓慶新年之意。

安徽省的北部，要到新年初四才開始吃年糕，他們的年糕以麥麵、棗肉做原料，金黃色的圓形年糕上排著五顆紅棗，象徵金玉滿堂，五福臨門。所以皖北地區過年時，家家戶戶必定會準備這份代表吉利的年糕。

在武漢地區，做年糕比較單純而傳統，他們將糯米煮熟後，趁熱倒進一個木桶裡，用一根粗木棍來戳搗，待糯米飯被搗成糕糰狀，然後放在木板上再用木棍滾壓成平塊，乘尚未冷硬之前，切成豆腐大小的方塊，或臉盆大小的圓塊。他們稱它爲「粢巴」，可以切片煎或炒來吃，也可整塊放在炭火上烤來吃，製作雖然單純但吃起來卻是非常香糯可口。打「粢巴」是這裡過年時的一件大事。在年腳跟時，親友碰面都曾互相問一聲「粢巴打好沒」！而孩子們也是最愛吃的，有親戚帶孩子來拜年，少不了請他們吃「粢巴」。所以當地有一首童謠是這樣唱的，「拜年拜年，粢巴揣來，多拜幾下，多吃幾塊」。

浙江嘉興的平湖一帶，年糕是用棗子、糖和米粉製成的，意寓「早發財」和「早生貴子」之意。因爲是棗子做的，所以也稱它爲「棗糕」。如果外地來的客人不悉當地年俗，常常會把「棗糕」誤聽成「糟糕」，往往會造成尷尬的場面。

除了北平，河南有些地方過年時，用一種大黃米麵做年糕，山東則吃黃米和紅棗做的年糕，河北人是用黍米磨粉做成黍米年糕。

我國幅員廣大，民俗風情雖大同而還是有小異的，傳統年俗當然也有差異，就吃年糕這一項來說，各地區的製作方法和材料都不盡相同，除上述各地區外，還有如江西武寧的「鹹水粑」、福州的「蕃薯糕」、「馬糕」，客家的「糒糬」等等。據說像邊疆地區如藏族、蒙族以及許許多多少數民族在過年時，也有做年糕吃年糕的年俗，可見年糕是國人過年時最主要的吉利食品。

吃年糕年年高

中國人過年事，都要討個吉利、福祿壽喜升官發財，自古就是人人追求的目標。所以在過年的時候，爲了明年比今年更好，所以凡事均要有個好采頭，於是乎那些音同或形同的事物，均成了過年時不可或缺的習俗。如在紅紙上寫個福字，倒過來貼不就是一句極吉利的「福到了」。因水餃和蛋餃形同金銀元寶，於是北方和南方均擇其好成爲吉利的年食了。甚至在這段時間弄破一個碗或盤時，也要說上一句「碎碎（歲歲）平安。因爲「糕」字音同「高」。過年吃年糕寓意「年年高，節節高」，所以大江南北在過年時均不能免俗，都要做些年來討個吉利。雖然製作的方法和材料有所不同，但求個好采頭的心態是一樣的。在我家鄉浙西過年還要包粽子，正月初一一早要粽子和年糕一起吃。因爲古時男兒最大的願望就是參加各種考試，能夠「高中」。「糕粽」與「高中」同音，可見古人如何重視新年的采頭了。

因爲年糕是一種吉利的食品，所以過年時就少不了它，尤於全國各地的風俗習慣不同，各地的年糕也各不相同了。一般來說最具代表性的應該是寧波年糕了。寧波年糕是用一種專做年糕的米磨成粉，然後蒸熟放在石臼中舂，再搓條用木模板壓成扁平狀，吃時可煮可炒，涼乾後浸泡在水裡可貯藏到春耕時節，寧波年糕是白米所做，本身潔白晶瑩，白色在中國人的觀念裡並不適合充滿喜氣的年節，所以過年用的年糕上都需點上紅色飾點，寧波年糕經過木杵搗椿後柔韌而可塑性高，可以捏成各式各樣年節敬神拜祖的祭品，如雞、魚、豬頭等三牲，大小元寶及聚寶盆等，也是新年案頭供品。

台灣過年吃的糕類較多，一般稱作「粿」，如甜粿、發粿、菜頭粿等，都是吉利食品，但其中以甜粿爲主要的年糕，甜糕的原料是糯米，浸水發脹後和水同磨成細粉，裝在麵粉袋中加重壓擠出水分。拌入白糖或紅糖放入四方型的大木蒸籠中蒸熟，涼乾後切成一方一方作祭拜之用。因爲糖的色澤不同，我們常見到的甜粿也有白色和淡咖啡等二色，爲了增添喜氣，蒸好的甜粿上面通常要貼上一小方塊的紅紙。

廣東人過年的年糕也是用糯米粉蒸的，但不同於台灣的是不一定都是甜的，年糕裡加上各種作料分做鹹甜二種，廣東的吃名聞天下，年糕裡的作料之豐可想而知。但無論如何年糕上面一定要放上一顆紅棗。紅紅的甜甜的吉吉利利的。

河南某些地方過年要吃一種黏糕，黏糕是用大黃米麵加肉棗蒸成，通常捏成圓圓的有一個拳頭大。金黃色的黃米麵糰上鑲著幾顆紅棗，非常悅目，所以它又稱作「金鑲玉」。

江蘇人過年吃糖糕，這種年糕現在台灣有些食品店裡還可買到，俗稱「豬油糖年糕」的蘇式年糕有桂花和玫瑰等口味，桂花糖年糕爲白色，玫瑰紅色的稱玫瑰糖年糕。但無論何種口味，年糕上面都少不了幾小塊白白的豬油。

吃年糕是我國年俗中保留最久的一項，雖然在當今工商社會中，年味逐漸淡去時，雖然現在居住的環境也不允許大鍋大竈地蒸年糕，但是大賣場中的年貨攤上，菜市場裡堆滿著各式各樣的年糕。是唯一沒有因時代的變化而有所影響的一項傳統，值得我們安慰的。

憶故鄉春年糕

每當北風吹起，寒流來襲，就意味著年的腳步又近了。年節本來就是懷鄉的季節，雖然離家已數十寒暑，鄉愁也將被漫長的歲月磨蝕殆盡，但是每逢年節，外在的感觸仍會在平靜的心潭深處激起波波懷鄉的浪花，這種情緒的反應在菜市場中顯得更爲強烈，因爲此時各種地方性的鄉土食品和年貨都一一上市，使遠離故鄉的遊子再度在熟悉的年景中，勾起濃濃的鄉愁。

早年台北的南門市場尚未改建前，市場前一排簡陋矮小的商店，在歲暮臘月是最能表現鄉土色彩的地方，一串串的湖南臘肉，一隻隻的南京板鴨，白白香香的寧波年糕，花式繁多的蘇式甜點，以及廣東燒臘，南北乾貨等等，眞可說是琳瑯滿目一應俱全，尤其是那些做買賣的鄉親們，以一口濃濃的鄉音招徠顧客，的確能使離鄉背井的遊子們倍感親切，這段時日，我總喜歡在上下班時繞道走到這裡，讓自己擠在一片鬧哄哄的熙攘中，享受一些充滿著鄉土風的年味。在衆多的商店中，我特別喜歡在一家年糕店門口停留，在台北早晨的氣溫，還是有著絲絲冬味的，年糕店天未亮就已經開工了，蒸籠上氤氳著霧一般的水氣，因爲房舍狹淺，逼得商家不得不把工作場所移到行人走道上，在晨曦中靠門口的那進石臼裡，早就有年糕司務用粗重的木杵，一杵一杵地在春年糕了，在薄霧朦朧中構成一幅力與美的畫面，也隱約地映出故鄉過年時春年糕的歡樂往事。

在家鄉，春年糕是過年時的一樁大事，一待秋收完畢，家家戶戶就開始準備磨年糕粉了，家鄉餘姚和寧波是貼鄰，所以做年糕的方式完全一樣的，僅僅原料加工上寧波人喜歡水磨，我鄉則用乾磨粉。那時節家鄉並無勞動市場，除了田多人手不足的人家才雇用個把長工，一般農家在農忙時都是以傳統的互助方式來解決人工問題，如揷秧、割稻等需要大量人手時，村子裡的莊稼漢都會商議好日期，輪流著到一家家去趕工，當然需要衆多人手的做年糕時，也必然是相互支援互相幫助的。這種以工易工互助互利的方式，是早年農村團結和諧的主要因素。

家裡春年糕那天，熱鬧得像在辦喜事，大廳裡搭起一座二邊可各坐工作人員七八人的寬長工作檯。年糕的製作過程除了事先磨粉外，依次是蒸粉、臼春、搭糰、搓條、壓扁、點紅、整疊。蒸粉是在廚房灶間進行，燒火加水等工作都是婦女們的事，蒸好的年糕粉倒入石臼中，用木杵擣春的工作是整個過程中最吃重的一環，所以這部份都是年輕力壯臂力過人者擔綱，還記得小時候家裡春年糕時，因爲人口多春作的數量也多，所以必須提早在天剛亮時就開始，當春年糕的聲音傳到耳中時，我還和祖父躺在熱呼呼的棉被中，印象最深的是祖父在棉被中數木杵擣槌的聲音，一石臼年糕春得越久越Q，當然越好吃。可見掌木杵的是最辛苦的。

經過千鎚百鍊的年糕半成品交到工作台上，首先由坐在最上端的工作者，以熟練的技巧用虎口搯出一個個的小圓糰，這種小圓糰俗稱「年糕糰」，第一臼搯出來的「年糕糰」，要先送到神案上供奉祖先，以感謝一年來的保庇。然後開始工作。「年糕糰」要搯得大小一致，才能使做出來的年糕整齊劃一。「年糕糰」送到下方工作者手中，用手掌在桌板上搓成圓長條再交下一位用雕刻著花紋的印板壓扁，就成了我們常見的年糕了。因爲國人忌諱白色，尤其在年節，所以年糕上都要加點紅色小花，以示吉利。點上紅點的年糕由最後的工作者以橫直交疊後放進大竹筐中待冷、冷卻乾硬後的年糕放進大水缸中泡水儲藏，這樣才不致使年糕生霉、乾裂，吃時從水缸中撈起，無論煮、炒、烤、煨，年糕一加熱就恢復原來的香糯，大凡年底做的年糕都可以吃到開春後的播種揷秧時節。

這時候屋外北風料峭甚至飛雪凝冰，而舂年糕的屋子裡卻暖若陽春，所以鄰居街坊都會來湊熱鬧，鄉人都好客，這時的大廳裡年糕糰不但免費請吃，主人還在旁邊備有炒得油油的鹹菜、白糖、花生酥等餡料給大家裹在年糕糰裡吃，雖然大家手在忙著，但嘴有閒可嗑牙，所以各種話題及路邊消息也都在此地傳播著。最高興的當然是孩子們了。既有吃又有玩，今天王家明天李宅一直可以玩下去，可以玩到祭灶送神才完。婦女們除了來幫忙的外，較不好意思此時來串門子，主人就會將熱呼呼的年糕糰裝在密封的籃子裡挨家挨戶地分送給他們品嚐，人情味之濃厚，可能只有在那種農業社會中才有的。

在舂年糕場中最受歡迎的大概是會捏各種玩意兒的鄉親了，他們雖然沒有受過專業訓練，一年也只有那麼一段時間可以發揮一下手藝，但是他們可以用剪刀、竹片等簡單的工具，捏作出如雞、魚、豬頭等三牲、元寶、聚寶盆以及各式個樣的供品動物。這些手藝都是捏捏搓搓無師自通的，這樣一代一代傳下去，村子雖小卻沒有聽說過短缺這種人才。

年糕舂到尾聲的時候，石臼中的糕糰也由雪白變成粗黑了。在家鄉有一種專做年糕的米，性質介於粳糯之間，鄉人統稱爲「年糕米」，舂出來的年糕既白又香，而此時臼中的卻是廉價的粳米粉，粳米舂的年糕較粗黑，也缺少粘性。在過年的時候大家都會舂二臼粳米年糕，是專爲新年藉舞獅舞龍，跳加官送財神的苦哈哈們準備的，還有家境窮困人家亦在新正年頭到處說些吉利話，或唱唱蓮花落，當然來者不拒，送幾根年糕打發掉，大家討個彩頭，彼此年年高步步高。

「舂年糕」是孩子們過年時最快樂的時光，所以一直不會忘懷那份風雪寒冰中的溫馨，在南門市場前看鄉親們一杵一杵地舂年糕，是年節最愉快的一件事，離開時也總會帶二個「年糕糰」，在市場裡再買一包豆酥糖裹著，邊走邊吃。儘管燈火已亮車來車往，心裡就似乎又回到了童年農村的傍晚。可惜南門市場改建後，這些小店都移進大樓中，年糕店依然忙著年節的生意。但是石臼木杵已無蹤影，換來的是牆角間一個用馬達動力的小小舂糕機。年糕的香味依舊，舂年糕的情趣盡失。要尋找童年年景，恐怕只有在夢中了。

閒話春聯

一到了寒冬歲末，街頭紛紛出現了賣春聯的攤販，在忙碌緊張的現代工業社會裡，滿街的大紅紙寫著泥金大字，不但提醒了一頭栽進事業和工作中的人們，年已經到了，而且也把人們帶進一個溫馨祥和，充滿著喜氣和歡樂的傳統節慶裡。

春聯爲楹聯之一脈，是一種深入民間的文學小品，因爲其通常懸於楹柱而名爲楹聯，但一般均以對聯統稱之。而聯則爲我國人顯示身世財富學識外，可抒懷述志，警世諷人甚至自勉勉人的一種文字工具，因此廳祠廟堂，婚喪喜慶，無不懸張楹聯以表達或敘其志節。春聯始自五代桃符，經明太祖大力提倡，並詔家戶懸聯賀正而規模大具，更由宋而明，至清一代更光大其用，蔚爲風尚，故春聯之歷史可說由來已久。早年寫春聯爲過年前的一件大事，每逢過年婦女們忙著準備年菜時，男人家都埋首沉思撰擬春聯，就連販夫走卒莊稼農夫，亦要懇託左鄰右舍的老夫子們寫上一幅，沾點年節喜氣討個吉利。因此新年時節家家戶戶各行各業，都張貼起自己的春聯。不同的聯句不同的書法字體，給文人雅士們欣賞品評，亦新年時節另一樂事。可惜近來因社會結構的變化，國人國學素養普遍低落，撰寫春聯亦成了年節應時商業行爲。市場有當場揮毫的，街上有印刷精美的，也因此春聯的內容都是大同小異，撿拾前人作品猛炒冷飯，而購買張貼者亦抱著應時應景的心態，故此聯內文字是否適合身分家世和行業，也就懶得去考究分析了。反正也極少有人去注意及此，春聯淪落到今日街頭成爲應節的吉利商品，完全失去了文學上的品格和趣味，令人感慨不已。

新年納餘慶

嘉節號長春

這是一幅最早的春聯，據傳係蜀主孟昶所寫。是他當後蜀皇帝的最後一年（公元九六五年），過年的時候命學士辛演遜，在他寢門的桃符上題詞，當孟昶看過辛的詞後，極爲不滿，於是提起筆來自己重新再題，這幅聯成爲我國春聯史上的最早一幅，當然是孟昶始所未料的。可惜被孟昶看不上眼的辛演遜作品未留傳下來，不然第一應該非他莫屬了。

製聯其實並不難，但一定要遵守原則，如上下聯字數必須相等，結構要相同，詞意要相襯，最後是平仄一定要相協。只要把握上述四個條件，你也可以寫出一幅可以張貼在大門上的春聯了。如我們常見的「一元復始，萬象更新」等等。但是一幅好聯則並不是隨手拈來那麼容易，必需遣詞用典，文雅而意切，這就要有相當的學問了。相傳被稱爲「聯聖」的民初製聯名家方地山，旅居北平時甚受袁世凱哲嗣袁寒雲之禮遇，某年除夕袁聞方將有南返之意，著人贈金相詢。方對來人並未正面答覆，卻留他觀賞撰寫準備明天張貼的春聯，聯曰：

出有車，食有魚，當世孟嘗能客我；
裘未敝，金未盡，今年季子不還鄉。

來人立即意會，回覆了袁寒雲。方地山這幅答覆袁寒雲的春聯，用了二個故事的典，上聯是馮諼的故，下聯則典自蘇秦，不但渾然天成不見瑕跡，而且一氣呵成字字相扣，以聯作答更是趣味橫生，一時傳頌不絕，當然不是一般人隨手可拾的。

春聯佳作甚多，能流傳的亦不少，一般來說近期的春聯內容較爲現實，如稍早的時代意識和近期的利慾抬頭，均多少會在春聯上反映，如早些年的春節，我看到的春聯中，有許多這樣的聯語：「跨海復神州，忠貞自勵；擎天崇領袖，主義是從。」和「中原父老望旌旗，收京復國；華夏男兒伸壯志，伐罪弔民。」甚至連理髮舖和皮鞋店都貼上了「整容如明鏡照人肝膽；衝冠見怒髮還我河山。」以及「立定腳跟踏上光明大道；放開懷抱走向勝利前程。」了。近年兩岸關係日益緩和，市場景氣繁榮，春聯又回到了「生意興隆通四海；財源茂盛達三江。」和「百貨風行財庫裕；萬商雲集市場歡。」的時代了。

在蔡辰洲的十信事件時，我們在街頭看到：「十信無信眞如此；八德缺德卻未然。」在開放大陸探親後又看到「四十年異鄉送舊歲；一夕間故里迎新年。」年前政壇風雲翻湧，政治流行語廣泛在民間流傳。我們看到了這樣的一幅春聯：「財運雖不滿意但可接受；春神爲主流派切勿敷衍。」可見當前仍有許多幽默而善於反映時代的製聯高手。

春聯趣談

據說我國最早的一副春聯，是五代蜀主孟所寫的「新年納餘慶，嘉節號長春。」從此凡逢年節家家戶戶都以張貼春聯，來慶賀新的一年來臨，這一習俗一直沿襲到今天。亦有人說春聯始自明太祖朱元璋，這位平民出身的皇帝，不但在除夕時曾傳旨，公卿士庶家門須貼春聯一副，而且經常親撰春聯賜給王公大臣們。除夕夜晚，微服出宮，到街上以欣賞百姓們的春聯為樂。他曾經有一個贈送給一戶閹豬人家春聯的故事，一直到現在還經常被人提及，故事是說有一年除夕夜，明太祖又換上了平民服裝，溜出宮門到大街小巷觀賞人家張貼春聯，待他一路看完要返宮的時候，卻發現一戶人家居然大門上空空如也。他不禁好奇心發舉手敲門，去探問究竟，當這家主人道出因為自己是個閹豬的，不但不會寫字，也不認識字，皇帝老爺突然興緻大發，立即到附近借得筆硯紅紙，要閹豬老磨墨潤筆，略一思索即揮筆寫下了「雙手劈開生死路，一刀割斷是非根」的傳世名聯。這也該是我國最早的一副趣味春聯吧！

歷代文人雅士，均喜遊戲文章，如崑山名士歸元恭，為震川先生歸有光之曾孫，一向持才好詆狂放玩世，明亡後，既不屑仕途又不事生計，祖業被花費殆盡，某年除夕窮極無聊，作一春聯貼在自家門口，聯曰：「一槍戳出窮鬼去，雙鉤搭進財神來」。亦趣聯一幅。

開國元老吳稚暉先生，為人詼諧風趣，文章更是喜笑怒罵妙語如珠。據傳稚老抗戰時期在陪都重慶曾為一理髮店撰書一副春聯。聯曰「憑我雙手打盡天下英雄誰敢還手，就此一刀剃過世間豪傑莫不低頭。」氣勢磅礡中仍充滿了逗笑之趣。

大陸陷共後政界及社會聞人紛紛離開大陸，左舜生和易君左二位名人亦到了香港，並合開一爿小雜貨店維生，取名「榮康」，畢竟二位並非市井之輩，生意當然也做得連老本都賠了進去，在過年時二位以為大家必會在此時大批採購年貨，於是進了大量花生、糖果、瓜子等貨物待顧客上門。未料當時兵荒馬亂，香港充滿了難民。經濟非常蕭條，他們的年貨銷路當然也極不理想。除夕之夜他二人合作寫了一副春聯，貼在小雜貨店的大門上，上聯是「店如斗大」，下聯為「貨比山高」，極盡自嘲與無奈之意，亦趣聯也。

春聯之趣味常隨著時代的變化而出現，在不同的時代背景之下往往會留下一些膾炙人口的佳作，如我國政府明令使用陽曆之際，亦正值有人大力提倡男女平等。就有「男女平等，公說公有理，婆說婆有理；陰陽合曆，你過你的年，我過我的年。」的春聯出現。白話文流行後曾有「咦！為何放炮？哦！因為過年。」之純白話春聯。抗戰期間，流亡在大後方的人們，生活艱苦，過年的時候就出現了「年年難過年年過，處處無家處處家」的春聯，近幾年來有人大聲提倡「母語」，街頭便出現了一副「炊粿炊龜炊肉粽，過年過節過新正。」的台語春聯，三年前政府開放大陸探親，眷村裡有人貼出「四十年異地送舊，一夕間返鄉迎新。」的應時春聯，這些除了具有時代意義，也都頗饒趣味的。

春聯的字數並無一定，一般春聯是要懸貼在大門框上，所以並不適宜字數過多的長聯，但是短聯卻並無限制，筆者收集的春聯中，字數最少的是上下聯各三字，一共六個字的「除舊歲。納新禧。」乾淨俐落，卻將慶新年之意表露無遺。第二副是上下各四字的「姬子，彭年。蘇才，郭福。」上聯四字含意是「姬子」指文王姬昌生百子。「彭年」則指彭祖籛鏗壽高八百歲。下聯「蘇才」是指宋蘇洵與其二子蘇軾、蘇轍均才華卓越之意。「郭福」則是指唐代中興名將郭子儀，爵崇福大富壽考。短短八字包括了多子、多壽、多才、多福之吉祥之意，的確是罕見而難得的佳作，亦富趣味性。

現代春聯的新鮮詞兒

春聯，在我國的年俗中，有其久遠的歷史和重要的地位，大紅的紙上書寫著各式各樣吉利的文句，除夕時張貼在門牆廊柱間，不但是對未來的一種期許吉兆，也給年節在視覺上製造了一份喜悅。

在社會變遷及不同時代背景之下，經常會出現一些極富文趣的春聯傳世，如民國以後政府提倡男女平權改用陽曆，就有「男女平權，公說公有理婆說婆有理；陰陽合曆，你過你的年我過我的年。」的春聯出現。五四提倡白話文，街頭有人貼上「咦！爲何放炮？哦！因爲過年。」白話春聯。抗日時期後方生活艱苦，隨政府流亡的人們一到過年觸景生情，一副「年年難過年年過，處處無家處處家。」的春聯道盡的流亡生活的辛酸，內戰失利避秦蓬萊的人士，企盼早日收復大陸重返故土的心情下寫下了「大地回春日，中原躍馬時。」的心聲。「閃光一亮上大陸，轟隆一聲敵膽寒。」這是早年戊守馬祖前線的戰士，過年時貼在砲兵陣地碉堡上的一副春聯，壯氣足夠震懾對岸頑敵了。而「玉山雲景飄飄嵦嵦，寶島春光樂樂融融。」更描繪出寶島台灣風光明媚，人民生活富足的一般。

尤其工商業的發達，社會結構轉型。近年來人們在平時生活豐裕，工作緊張的情況下，春節過年的氣氛已經逐漸淡去，雖然街頭仍舊有販賣春聯的攤販，但是春聯也跟著時代進入了大量生產的工業化。在製版印刷及塑膠化學原料的製作下，也已失去了雅典的趣味性。漫步街頭偶而發現一副俱有創意的手書春聯，會像發現奇珍異寶般的高興，隨手將它抄錄收藏，細細品賞趣味盈然。又值迎新送舊的時節，特抄錄數則現代春聯以應年景，以饗讀者。

「十信無信眞如此；八德缺德卻未然。」這副春聯出現在蔡辰洲十信案喧騰一時之際。出於受害者之手是無疑問的。在青島東路婦女之家隔壁，一家日式平房的大門上貼著「春來福滿將軍第；梅綻香飄學士家。」主人的家世身份躍然紙上，誠是佳聯。年前面到山居舊地，見一榮民兄弟的簡單木屋門上。貼著一副這樣的春聯「睜一眼閉一眼不管人間閑事；園三分地三分只求全家溫飽。」記得早些年在另一山村也看到過另一副春聯「一個老婆二個孩子，平平安安又一年；三坪陋屋五分坡地，快快樂樂渡餘生。」都是遠離塵囂，與世無爭的胸襟，發人深思。詩壇老將也是名小說家墨人先生，在其歡渡六十歲新年時，自撰春聯一副曰「不憂不惑不懼；樂山樂水樂天。」區區十二字道盡步入六十花甲坦然心境，不愧名家之筆。

新年在大街上偶而也可以看到一些趣味橫生的春聯，中正紀念堂旁的紹興南街有一家鳥店的春聯「人生如戲一幕又一幕；賣鳥賺錢一隻又一隻。」在台中一家冰淇淋店的春聯是「一元復始萬象更新；十元可以買冰淇淋。」另一家小吃店的春聯爲「你來，來嘗美味；我忙，忙著賺錢。」這些現代春聯雖然文字不夠對仗，韻腳也未壓好，但在大家都已逐漸不重視這一文化氣息濃厚的年俗時，已彌足珍貴了。去歲政府開放返鄉探親，在某一眷村裡看到一戶大門深鎖的屋子裡，貼著一副嶄新的春聯「四十年異地送舊：一夕問返鄉迎新。」這是一副最新的春聯，屋主人當然也是第一批趕著返鄉過年的老兵了，春聯反映時代又一例證。

各行各業新春有聯

又是「一年復始，萬象更新」的中國新年了，雖然很早政府已明定新曆一月一日為新年，而農曆正月初一稱為春節，然而國人向來不吃這一套，政府明定的新曆年照過，民間傳統的舊曆年也照舊。過年的活動，除了拜祖祭神、吃喝玩樂，張燈結彩以外，貼春聯也是主要的活動之一，春節前的街頭巷尾，市場書店都掛得琳瑯滿目，有現寫的也有印便的，任人選購，成為年節的一種喜氣洋洋的景觀。

寫春聯貼春聯是我國特有一種民俗風情，也是重要的民俗文藝，一副春聯的內容文字，不但要取個年的好彩頭，也可突顯張貼人的家世和從事行業的特性，因此早年寫春聯往往搜腸挖肚動透腦筋，當然新年時在大門上能貼上一副文意出衆的春聯，會使人刮目相看，大大提昇本身的身價地位。筆者智鈍自身不善撰聯，卻喜歡收集對聯，並特在篋中整理出各行各業文意佳美的春聯一束，以應佳節佳景。

酒店聯

酒興每因詩興起；
醒人不比醉人多

※ ※ ※

開醰香千里
洗甕醉三家

※ ※ ※

劉伶借問誰家好；
李白還言此處佳。

※ ※ ※

一醉千愁解；
三杯萬事和。

旅館聯

相逢盡是他鄉客
夜宿時招異地人

※ ※ ※

客來不速
賓至如歸

茶館聯

四大皆空，坐片刻無分爾我
兩頭是路，喫一盞各自西東

※ ※ ※

泉烹苦茗能留客；
水繞甘棠到惠民。

眼鏡店

加諸我也，眸子瞭焉；
利其器矣，望之儼然。

※　※　※

日月雙懸新眼目
光輝四射錦乾坤

藥　舖

是乃仁術也
豈曰小補哉

豆腐店

味超玉液瓊漿外；
巧在燃萁煮豆中。

鐘錶店

十二時辰，運諸掌上；
三千世界，盡在眼前。

燒餅店

爆竹一聲，唯獨我的燒餅大；
桃符萬户，且看誰家芝麻多。

打鐵舖

三間東倒西歪屋；
一個千錘百鍊人。

成衣店

中原豪傑乘時起
上國衣冠又日新

美容院

少婦至斯添艷色

老翁到此亦春風

修皮鞋店

大鋼錐、小鋼錐，錐錐刺出窮鬼去；

粗麻繩、細麻繩，繩繩綁進財神來。

小吃店

店不大掌管人間煙火；

物雖少有關民生問題。

公共浴室

金雞未唱湯先熱；

紅日東升客滿堂。

鏡　店

閱世興亡疑有眼；

辨人好醜總無聲。

帽　店

孟嘉曾向風前落；

郭泰還從雨裡過。

屠宰場

問何緣畜如許豚兒，憾前賢早放屠刀，錯留孽種；

豈無故逐這般蠅利、爲嘉客偶開殺戒，權代庖人。

針線店

要將鐵杵磨成日；

好把金針度與人。

照相館

還我廬山眞面目；
愛他秋湖舊丰神。

傘　店

醍醐難灌頂；
蔭雨賴當頭。

理髮店

雖云毫末手藝；
卻是頂上功夫。

※　※　※

不教白髮催人者；
更喜春風滿面生。

※　※　※

磨厲以須，問天下頭顱幾許；
及鋒而試，看老夫手段如何。

廣播電台

不出户庭能知天下事；
有好消息説與大家聽。

電話局

只用耳提何須面命
吾聞其語未見斯人

窮極無聊的春聯

新年，本來是一個既有吃又有玩的歡樂佳節。可是對於一些窮困人家來說，則未必如此。年關逼近天寒地凍。三餐尚難以繼，那有歡樂可說，但是無論如何，年還是要過的，年三十夜一過，迎神的爆竹聲響起，新年不是已經降臨？窮人過年的心情如何，當然非身歷者，無法體會其辛酸。但是我們還是可以從一些窮書生留下的春聯中，讀到他們從不同角度發出的心聲。有窮極無聊的，有安貧樂道的，也有自識自嘲無可奈何型的。在這個經濟發達人民生活富裕的今天，讀這些春聯，也算是一個警惕吧！

有一副常被引用的某窮酸所寫的春聯，應該算是「窮春聯」中的佼佼者，它是這樣寫的。

一槍挑出窮鬼去；
雙鉤搭進財神來。

某古人雖滿腹經綸，能言善道，但家貧如洗，窮困潦倒，在某年春節見人家吃喝玩樂，憤而寫下了一幅春聯：

舌作劍，唇作槍，把窮鬼打出去；

甜其言，蜜其語，將財神騙進來。

抗戰時期，大後方處境極其困苦，尤其追隨政府的一批公教人員，離鄉背井生活清苦，在過年時有一副描寫當時情境，文字簡潔而極爲傳神的春聯：

年年難過年年過；
處處無家處處家。

有一位窮得快發瘋的書生，在過年時以祈求乞憐的口吻寫下了一副令人發噱的春聯，堪稱窮極無聊的代表作。聯曰：

窮鬼哥快出去，莫再爲難小弟；
財神爺請進來，何妨照顧晚生。

一個一貧如洗的教書先生，在過年時因債務羈身，再也無法向親朋開口，除夕夜對著大門發愣，突然想起雖然無錢過年，卻不能沒有春聯應景，於是研墨提筆，寫下了這樣一副對聯：

出有門，進有門，借貸無門；
年好過，月好過，日子難過。

有黃文涵者，經商失敗，家財盡失，靠租屋借貸過活，春節來臨卻仍能舉筆自嘲一番，作春聯一副如下：

租半間茅屋棲身，站也由我，坐也由我；

買一斤蘿蔔過年，菜也是它，湯也是它。

魯亮儕人窮而傲，一直不爲環境低頭，在他這副春聯中，可以看出他的傲性。

三間東斜西歪屋；

一個南腔北調人。

同樣要把窮鬼弄走，把財神爺請進來的窮人家，這副春聯寫得更透徹。

放二串爆竹，把窮鬼轟開，幾年來被這奴才擾得俺一雙空手；

燒三柱高香，將財神接進，從今後你老夫子保給我萬貫家財。

最後，用一副由一位安貧樂道，窮而無怨者的春聯作結束，他是這樣貼在大門上的。

洗件內衣除舊歲；

補雙破襪過新年。

窮人也有春聯

年年難過年年過，窮苦人家向以過年容易過日難來自況。又逢歲暮年關，家家戶戶忙看採購年貨，準備過年，當然大門上也要來上一副吉祥祈福的春聯來點綴年的氣氛。窮人過年，雖然物質不及他人，但胸襟幽默者亦大有人在，過年時撰一副自我調侃或語氣諷譏的春聯，照樣會帶給春節一份濃濃的年意和喜氣，看他們的春聯是怎樣寫的。

民國三十八年，大陸再度淪入戰亂，百物飛漲，炮火四起，百姓殷切盼望和平，是年窮人過年更爲艱辛，街上有這樣的一副春聯：

百物昂貴，咬緊牙關除舊歲；

一元復始，伸長脖子望和平。

抗戰期間，許多地區淪爲戰場，人民到處流竄逃離，在家破人亡的慘境下過年，其心境可想而知，下面這副春聯就是流浪者的心聲。

年年難過年年過；

處處無家處處家。

有一次路過廣州，時值年後，許多宅店商的大門上仍有許多春聯，漾溢著年的氣息，在一處破落的貧民窟中見一副趣味盈然的粵語春聯，隨手記入筆記薄中，聯爲：

胡混混全憑兩度；
混居居又是一年。

有某窮酸在大年夜窮極無聊，見人家大魚大肉結綵燃爆，熱熱鬧鬧，而自己卻一無所有，於是提起如椽大筆，揮洒了一副春聯，拿到大門上一貼，窮人過年的心情和願望躍然紙上。

急急忙忙，一腳踢出窮鬼去；
歡歡喜喜，雙手奉進財神來。

過新年穿新衫，這是國人的習俗，尤其是孩子們，穿新衫、戴新帽，過新年是多麼高興的事，可是窮人連辦年菜的錢都籌不到，那裡敢奢想添置新裝。下面這副把舊衣洗一洗，買一雙襪子湊付一對的春聯，趣味中帶看絲絲辛酸。

洗件舊衫除舊歲；
買雙新襪過新年。

年關接近，物價高漲，對窮人來說眞是雪上加霜，苦不堪言。尤其是早年待遇菲薄的窮公務員，更是年關越近憂心越重，因爲公務員不像一般貧苦人家，要撐個面子，還要巴結一下上司，物價往往遠跑在加薪前面。有一個窮公務員曾在過年時，寫下了這樣一對春聯：

油條已貴，燒餅更昂，看指數才漲三成，勒緊肚皮辭舊歲；
破帽難縫，寒衣未剪，念物價早過十倍，裝何臉面拜新年。

窮和債幾乎是分不開的，窮人借貸過日也是天經地義的事。但是國人的習俗慣例，一到年關所有的債務必須清償，而此刻逼債催討也是天經地義的。有一副欠債的春聯，是這樣寫的。

年難過，今年更難過，得過且過；
債要還，是債都要還，多還少還。

另外有一副也是與債有關的春聯，但不是無錢清償而是告貸無門。聯曰：

出有門，進有門，借貸無門；
年好過，月好過，日子難過。

更有一個被逼債逼得走投無路的窮酸，在除夕夜寫了副求饒式且略帶技巧的春聯，果然發生效果而讓他平安過關。這副聯是這樣寫的。

是小人找咱討債；
乃君子容我過年。

窮人怕窮鬼，窮人當然歡迎財神爺爺快來，巴望著一夜之間脫貧致富，有個快快樂樂不愁吃穿的未來。因此早年一些窮書生，每到過年都會趕窮鬼接財神的春聯，這類窮酸心態表露無遺的春聯，流傳至今者爲數甚多。

平安快樂福滿堂

每當寒風呼嘯臘鼓頻催之際、「滿堂」就萌發出一支支挺拔的花莖，待花莖上的花包迸裂成一朵朵素淨的小花時，年已經近了。這時我總會把這一盆茂密的長葉，一一擦拭得亮麗翠綠。並在烏黑粗糙的蛇木盆上，貼上一方大紅紙以泥金書寫的「福」字。然後移到客廳的案上，伴著一爐檀香氤氳，於是屋子裡就有一股淡淡的幽香、和盈然的春意了。

「滿堂」是我爲陽台上一大堆盆栽中唯一的一盆報歲蘭所起的名字，從服務二十多年的山區調回平地時，山上喜愛的東西一件都無法帶下山來，唯有這一棵栽植在一段未經修飾過的蛇木裡，充滿了自然情趣的蘭草，成了我山居二十幾年唯一隨我下山的伙伴，環境能改變一個人的興趣，當我自搬入高樓一幢接鄰一幢的公寓後，連要見一角藍天都成了奢望，遑論一片綠地和穠密的樹蔭，於是在山林裡跋涉慣了的我，原本並不怎麼喜愛花花草草的個性，也就「入市隨俗」地在前後陽台上種滿了各式各樣的盆栽和盆景。這些盆盆鉢鉢裡「滿堂」是獨具一格的，雖然蘭花本身並不是名種，但蛇木上環生著許許多多的蘚苔、籐蔓、小草之類的寄生草，就顯得更野趣引人了，十多年來，每到春天這棵蘭草就會萌發出二三個新芽，使原來孤孤單單的幾片蘭葉，繁衍得將它僅有的一尺多疆土，擠得密密地，要不是每次換土清根時，掰匀出一些分贈愛蘭的親朋們，不知道那些新芽要往那兒擠？正中間那幾片色澤較暗卻特別蒼勁的是這群蘭中的第一代，層層地像被一群「兒孫」圍繞著的長者。每當我爲它修剪澆水時，一個融融樂樂子孫繞膝的情景就幻現在眼前，我之所以爲這盆蘭花命名爲「滿堂」就是取其「子孫滿堂」之意。

記得也是一個朔風凜烈的歲暮，爲了確保山區安寧，國土保安，循例要在春節前夕作一次深山清查，那是由當地的軍警山地青年及山林單位聯合作業。這時林班工人都已下山回家過年去了，空下來的寮舍可能成爲歹徒匿藏之所，爲了讓山居人們有一個愉快平安的春節，雖然氣候惡劣，山頂已降霜雪，我們還是冒著風寒按預定計劃進行，到各重要林班，伐木現場，作業工寮去作一次徹底的清查，當我們行進到一個山石紛疊的峽谷時，已是午餐時間，便當裡冰冷的菜飯滋味雖不好受，但對一個訓練有素的山林工作者來說也慣以爲常了。這時候大家聞到一股淡淡的幽香從山谷下飄了過來，在山裡各式各樣的異香異味隨時都可遇到，所以也引不起我們的注意，飯後有一段短暫的休息時間，乘大家抽煙聊天之際，不經意地循著香味走去，發現在亂石堆中有一棵挺立著的蘭花正怒放著。那股幽雅的香味越近越濃郁了，那時養蘭的熱潮已經掀起，但是在山裡無論在地上或樹上隨時都會發現一大堆的蘭草，在我們眼裡蘭並不是一種稀罕珍貴之物，何況我總認爲蘭花並不具備經濟價值，「玩蘭」只不過是有錢和有閑階級的事，也因此對蘭花就興趣缺缺了。但是面對這一棵冒著寒風中挺立在亂石堆裡的蘭花，卻萌生了一股惻隱愛憐之心，走過一段並不太難走的山坡後，用隨身攜帶的登山刀細心地把它挖掘起來，在旁邊採了一片姑婆葉包著塞進背袋中，回到宿舍因爲臨時找不到花缽，就在後山鋸了一段蛇木，花了好大的勁掏空了尺餘口徑的樹心，把掏出來的木屑剁碎了作盆土，這棵報歲蘭就從深山幽谷中的「隱士」，移「民」成爲我庭園中的唯一「雅士」了。

在當前「子孫滿堂」這個觀念已經成爲落伍的思想了。何況台灣人口的密度已經爬到世界的頂峰，計劃家庭是當前的重要政策，但我這盆「滿堂」是象徵著豐富、健康、綿延不絕之意，而對我這個喜愛弄弄筆墨的，「多產」還是一件好事呢！何況在這「爆竹一聲除舊、桃符萬戶更新」聲中，這盆報歲蘭貼上紅紙金色福字，供在一個生活充裕、家庭和睦歡樂的廳堂裡，不正象徵著「福滿堂」？

元宵話紫姑

元宵燈節，是農曆新年的另一個高潮，從上燈到落燈，結束到為時半個月的歡樂新年，在元宵的各項民俗活動中，最特別的應該算是「卜紫姑」了。因爲這個活動是專屬婦女們的。而且流傳已久遍及全國各地。梁朝宗懍的《荆楚歲時記》中，有這樣的記載：「正月十五日夕，迎紫姑，以卜將來蠶桑，並占衆事，則六朝已有之。」

「卜紫姑」的風俗早年盛行於各地之婦女間，閩人稱爲「祭娘娘」，或稱「祭三娘娘」。江蘇一帶則稱爲「請七姑」或「接坑三姑娘」，杭州人稱作「召帚姑」或「召箕箕姑」，廣東又稱之曰「請廁坑姑」，山東也稱「邀廁姑」，海寧稱之爲「接陶蘿頭娘子」，在台灣一般都稱「請紫姑神」，也有稱作「關椅仔姑」的，名稱雖然不盡相同，但均與紫姑之傳說有關。

紫姑，或稱子姑或坑三姑，根據《顯異錄》載：「紫姑，萊陽人，姓何名媚字麗卿，壽陽李景納爲妾，爲大婦曹氏所嫉，正月十五日夜，陰殺之於廁間，上帝憫之，命爲廁神，故世人以其日作其形於廁間迎祝，以占衆事。」另一傳說，姑爲漢高祖之愛姬戚夫人（戚，七同音，故後人又稱其爲七姑娘），在史書的記載中，這個戚夫人下場極爲悲慘，因爲她招受呂后的妒嫉，後被砍去手腳挖目割舌成爲「人彘」，棄置於廁旁而去世的，紫姑的傳說雖不一致，但一般咸認其爲人妾而受正室之欺凌而亡，如南朝劉敬叔著《異苑》中記載：「世有紫姑神，古來相傳，云是人家妾，爲大婦所嫉，每以穢事次役，正月十五日，感激而卒，故世人以其日其形，夜於廁間或豬欄邊迎之，亦必須淨潔。」依據上列傳聞，紫姑之無論被害死於廁旁，或因常受役以穢事（倒馬桶洗廁所毛坑），最後「感激而卒」，因此被奉爲舉世無雙的「廁神」，而且其祭祀禮必須在溷廁所豬、牛欄旁陰暗之處，亦祭典儀式中的特例。

因爲紫姑之死是招嫉於大婦，以致受到大婦因洩憤而加諸於不合理的家事壓力脅迫。甚至被害。而且其另一傳說中的身世，蘇軾《子姑神記》所記「何媚知書能文，爲伶人婦，唐垂拱中，壽陽刺史害夫，納爲妾，爲其妻妬殺於廁間；天使其冤，使有所職於人間，蓋此所謂爲姑神者衆，未有如媚之卓然者也。」早年我國婦女不但沒有社會地位及自主權，而且缺乏法律給予保護。遭受到許多不合理的待遇，往往忍聲吞氣，不敢有所抗爭。因此這位身世遭遇與大多數生活在當時社會制度下的婦女有雷同之處的紫姑，在大家的心目中，認爲是最瞭解而能體恤弱女子的神祇。所以在元宵節時，紛紛祈求這位婦女之神，以圖受到庇佑卜得指引，獲得未來一年的平安吉利。

據傳這位極受早年婦女信賴的女神，也的確有過相當靈驗的時期，宋徽宗曾下詔在襄邑設專祠祈福。而這天也是婦女們藉著這良好機會向這位受難忍辱的女子化身，傾訴積壓一年怨鬱的時候。「卜紫姑」的方式是以柳木結紮成人形，以門神紙覆蓋，於半夜裡先行祈禱，然後以柳枝作箕，在沙盤上占卜；占卜地點都在豬欄牛舍旁。卜者口中要唸「子胥不在曹姑歸去，小姑可出戲。」之祝咒，紫姑就會顯靈，以柳枝箕在沙盤上作詩。所謂「箒卜拖裙驗，箕詩落筆驚。」就是描述卜紫姑的詩句，唐段成式的《酉陽雜俎》中亦有卜紫姑的記載：「黃之僑入郭氏，每歲正月迎子姑神，以箕爲腹，箸爲口畫灰盤中爲詩，敏捷立成。」另如《荆楚歲時記》中也有記載「今州里風俗，望日祭門，先以楊枝插門，隨楊枝所指，仍以酒脯飲食及豆粥插箸而祭之，其夕迎紫姑神以卜。」後來一般民間的「卜紫姑」大都是在筲箕上插一支筷子，姑嫂妯娌圍成一堆，講些吉利話。笑謔一番，看器物之動向來作元宵節的遊樂，已無昔私事相叩詢，占卜詩句來斷凶吉禍福的神秘性了。

元宵佳節話燈謎

又是一年一度的元宵燈節了，元宵節除了提燈籠、吃湯圓，最具文化氣息的應該算猜燈謎了。台灣燈謎之風甚盛，元宵佳節全台到處都在舉辦猜燈謎活動，圖書館、文化中心、廟宇、電視廣播、報章雜誌等等，只見人頭聳聳，個個搔頭默思，眞箇是熱鬧非凡。

猜燈謎，是我國古老的傳統文化，也是全世界絕無僅有的文字藝術。相傳是古代的「隱語」演變而來，《說文解字》對「謎」字的解釋：「隱語也」，可以爲證。而燈謎據傳起源於宋代，宋仁宗時政通人和、國泰民安，上元燈節時，有人將藏頭詩句寫在紙箋上，懸貼於花燈，供觀燈者猜射，宋周密著《武林舊事》中有：「有以絹燈剪寫詩詞，時寓譏笑，及畫人物，藏頭隱語，舊京諢話，戲弄行人。」可見當時的燈謎內容是極豐富和有趣的，如諷譏笑語、人物畫像、藏頭詩、隱話、諢話等等。而其中之「戲弄行人」，是指謎語中曲折難猜之意。《燕京雜記》亦載有關燈謎的記錄：「上元設燈謎，猜中者以物酬之，俗謂打燈虎，謎語甚曲博，上自經文，下及詞曲，非學問淵深者不中。」等語。可見猜燈謎自古即爲文人雅士之韻事，雖屬文字遊戲，卻具深奧的學問和淵博的知識內涵。並非雕蟲小技，隨手可拾的。製謎者和猜謎者均必須對謎有相當的認識和瞭解，不然底不切題，百射不中，均會減損猜謎的興趣。

猜謎與製謎也算是一種學問，它也有許多技巧和規則，如謎可用格來使其變化更繁雜，也可使不能成為可能。謎除了用文字作為製題工具外，也可以用圖片、實物、顏色等作出題的工具，如筆者在年前為某單位元宵燈謎主場，曾以各種新採摘的樹葉，釘在謎箋上請猜一位女影星，謎底是「葉全眞」，因為謎箋上的葉子全部是眞的。還有一次是稍早護照上的照片仍使用正方形時，我將一張護照專用的本人相片，貼在謎箋上，請猜一句口頭語，謎底是「出洋相」，此謎有一語雙關的趣味，一為相片是出洋請護照專用的，另外主持者將自己的相片在衆昭昭下亮相，不是「出洋相」嗎？這種自嘲式的製題法，具有增添謎場趣味的效果。至於謎格，種類繁多，因篇幅寶貴，不便一一例舉，茲將常用的略為介紹，供作參考：

顚倒類：如捲簾、雙鉤、掉頭、掉尾、秋千、上樓、下樓等格。

分合類：如燕尾、蝦鬚、展翼、碎錦、合璧、並頭、斷錦等格。

摘除類：如升冠、摘頂、脫靴、隻履、徐妃、解帶、遺珠等格。

別字類：如白頭、粉頸、夾雪、玉帶、解鈴、繫鈴、諧音等格。

魯魚類：如亥豕、烏紗、青領、黑胸、皀靴等格。

晦明類：如露春、歇後、綴珠、踢斗、漏紗等格。

嵌珠類：如加冠、紅豆、納履、增損、離合等格。

求偶類：如鴛鴦、錦屏、搭對等格。

集錦類：如曹娥、重門等格。

燈謎的謎面用字是不允許與謎底有相同的字的，如果謎面無法避免與謎底有相同的字，而且又是得來不易，不願捨棄的好謎，那只好借用謎格了。如謎面「賊無空過」射論語一句，謎底爲：君子無入而不得焉。面和底均有「無」字，在謎界稱爲「重犯」，但是在謎題中加附「露春格」，則一切都迎刃而解了。

猜謎難，製謎亦不容易，筆者在某鄉鎮連續主持元宵燈謎近五十年。每年一到春節，人家都高高興興地在吃喝玩樂過新年，而我則要利用這難得的假期，一頭鑽進書堆裡，大絞腦汁。準備去面對衆多的謎衆。但有時亦會有來得全不費工夫的現象，如某日路過台北公館地區，在車內遠遠望見「民族國中」橫置在屋頂上的四個大字，因爲國人文字的橫寫並未硬性規定閱讀的方向，於是在我腦中出現的卻是「中國族民」，對於一個愛謎者來說，確是喜出望外的收穫，因此我以「漢、滿、蒙、回、藏」爲謎面，配以捲簾格，射台北國中校名一，不就是一則絕佳妙謎。另一次是布希當選美國總統，成爲炙手可熱的新聞人物，而早年大陸卻在人民公社政策下，人民生活苦不堪言，於是民間出現了一句「新三年、舊三年，縫縫補補又三年。」的順口溜，反映出民間連縫衣的布都奇缺，消息傳來，這則順口溜正好成爲我給「布希」製作一謎的謎面，所以製謎雖難，只要平時多加注意，生活中有的是謎語素材。

猜謎之樂樂無窮，這是一位謎衆向我表示的，的確如此，筆者早年亦曾經是到處趕場的猜謎迷，每當猜中一題，聞到鼓聲咚咚，雖獎品只有香皀一塊或毛巾一條，其歡欣絕不遜於其他競賽中獲得大獎。猜謎者除了用口報或遞紙條猜射外，有時製謎者也會要猜射者以動作配合來增加趣味。在早年上海的一次謎會中，有一道奇怪的謎題是場中放置大口玻璃瓶一隻，內放銀圓七枚爲獎（在當時是一個不小的數目），主持者宣佈猜三字經二句，觀者均感到不知如何猜射這道怪謎，突然在人群中擠出一位中年人，將手伸入瓶中，抓住七塊大洋，口中唸唸有詞地說「五霸強，七雄出」，將手指作「五霸」，七枚銀元爲「七雄」，眞是奇想，在鼓聲敲響後，這位中年人得意地將大洋放進了口袋。另一次是我們自己的謎會中，謎友在場中掛上一塊釘著一枝榕樹的木板，標著射成語一句，掛了很久沒有人猜透其中奧妙，不料在將結束前，一位婦女走向前去，將木板翻了過去，口中說道：「反面無情」，因爲「榕」在台語中是讀成「情」音的。猜謎的訣竅就是知己知彼，常參加燈謎會，就可猜準出題主持的出題習慣及方向，那麼猜射時就離題不會太遠了。

筆者懸謎一向堅持用傳統的吊掛式，將謎題全部懸出，這樣可以讓參加猜射者有充分的思考時間，甚至參閱攜帶的資料。可惜台灣目前大多數燈謎均像電視上的猜射方式，由主持人手持謎箋，讓台下人舉手而由主持人指定某人回答，這樣不但失去公平性，而且這種搶答式的猜法，不但剝奪了猜者的思考時間，而且前一個猜不到時，往往成了爲下一個人的提示。最令人厭惡的是炒冷飯，將別人製作的謎題一再使用，尤其是報紙這種傳播面極廣的媒體，亦時有這種現象，實在已失去這項智慧角力的意義。

憶元宵在菊元猜燈謎

民國三十八年（一九四九）元宵，台北市唯一的一家百貨公司「中華國貨公司」，舉行了台灣光復後第一次在百貨公司舉辦的盛大謎會。把這座早年僅次於「台灣總督府」（光復後改爲介壽館），原日據時代「菊元百貨」大樓擠得水洩不通。

日據時代位於城內的榮町（今衡陽路）一帶，原是日本商人的天下，台灣商人的活動範圍大都在今之延平北路（日據時代的太平町）大稻埕一帶。「菊元百貨」在衡陽路和博愛路轉角處，是當年最熱鬧的所在。大樓內裝有早年除了總督府，是台灣唯一供一般民衆搭乘的電梯。可見當時的氣派何等高超。

民國三十八年初，大陸尚未撤退，這場謎會的主題者全爲台省漢學界飽學之士。筆者雖年少欠學，但對猜謎、聯對等文字遊戲，特感興趣。天尚未暗就去趕場了，記得謎會好像在二樓舉行的，場子裡拉牽看鐵絲，謎箋掛在鐵絲上飄搖，不久全場人頭聳聳，猜射之聲此起彼落，眞可說是盛況空前。

記得當時的謎題都是引經據典，謎底都出自四書五經、水滸、三國等，只見場內閉目苦思者有之，搔首敲腦者有之，眞是傷透了大家的腦筋，在衆多謎題中有二則給我的印象極深，至今尙能依稀記得：一題是「帶媳婦到北投洗溫泉」，謎底是古書中的一句「欲潔其身而亂大倫」。第二題是「蔡」，猜台灣的俗語「隱龜」（即國語「駝背」也）。

一晃已五十多年了，台灣新穎高大的百貨公司，日新月異地出現，而「菊元百貨」卻永遠令人懷念。

新的一年月曆中的趣味

又是一年過去了，你的手頭和牆壁上一定備有一份月曆吧！你可能還不知道，這份熟悉的月曆上，隱藏著一些有趣的事，而且也可能會帶你一些方便，那麼就你拿一份月曆表，慢慢聽我告訴你。

在這張民國八十（一九九一）年的月曆上，元旦是星期二，再看除夕（十二月卅一日）的星期，居然也是星期二。去年的元旦和除夕均爲星期一，照講明（八十一）年的元旦和除夕應該爲星期三了，的確明年的元旦是星期三，但是除夕卻跑到星期四去了，因爲民國八十一年是潤年，二月多了一天的緣故，所以潤年是例外的。

再看看其他的月份中，你會發現另一個有趣的事情，如一月份的星期日是六、十三、二十、二十七。而十月份的星期日和一月份完全一樣，其他如二月，三月和十一月，四月和七月，九月和十二月的星期日也在同一日。但是遇到潤年則變成另一種排例，成爲一、四、七月，二、八月，三、十一月，九、十二月等四組。雖然這只是一些小趣味，可是遇到手上只有一張半年曆的時，則在舉一反三的運用下，可以從一至六月中查出六至十二月中（八月除外）的某日爲星期幾呢。

閒話生肖

鼠年話鼠

民國八十五（一九九六）年歲次丙子·十二生肖一輪已完，又是老鼠值年了。老鼠雖然與我們人類關係算是相當密切，似乎只要有人類的地方，就也有老鼠的蹤跡，但是人對於老鼠的態度，卻始終是厭惡而不受歡迎的，有時幾乎是到了誓不兩立的地步，如俗諺中的「老鼠過街人人喊打」。又如鄉鎮地方政府年年免費提供毒鼠藥，而且還三不五時舉辦一些「滅鼠週」、「滅鼠月」什麼的活動，來對付這群「鼠輩」。但外國人塑造的極受兒童喜愛的米老鼠卻例外。

依據群書的記載；老鼠，屬於哺乳綱，是囓齒目部份動物的通稱，牠的主要特徵是無犬齒、門齒與前臼齒間有空隙、門齒很發達，無齒根，終生繼續生長，常常借囓物以磨短。繁殖迅速。這就對了！老鼠不但是天生的破壞家，更是天生多產動物。如果不准牠去囓咬櫥櫃、桌椅，那不是要牠的門牙長得像慈禧老佛爺小手指上的指套那麼長？何況他的子子孫孫都得塡飽肚子活命，不盜食人類的貯糧，不吃農作物，不啃食樹皮，眞的要牠們絕子絕孫？

鼠之所以讓人厭惡，除了偷食、破壞之外，老鼠猥賤的長相和行動，也是非常惹人厭的。

因爲老鼠是不喜歡光亮的夜間動物，白天不是躲在臭水溝裡，就打牆洞在夾層做窩，尤其那種偷偷摸摸，見到人聽到聲唯恐避之不及的德行，一直被人拿來作爲卑鄙小人的代表，如鼠輩、鼠子、鼠竄、鼠牙雀角、獐頭鼠目、鼠竊狗盜等等。

老鼠會傳染疾病，也是人一直想消滅牠的最大原因，由老鼠傳染的疾病中，要算鼠疫最令人害怕了。鼠疫是由鼠疫桿菌所引起的烈性傳染病，這種病都是先在老鼠中間流行，經鼠蚤叮咬而傳給人類，鼠疫傳染快，死亡率高，前不久在印度甚至金門都傳出有這種傳染病的跡象，幸好現今的醫學衛生發達，沒有讓它擴散蔓延，但卻也使人談「鼠」變色了。

民國六十一年，郵局發行第一輪生肖郵票的鼠票時，我們的交通及郵政當局，居然也討厭老鼠而用大尾巴的松鼠，可見在中國人的觀念裡，老世雖然高居十二生肖之首，但並未能提高牠在人們心目中的地位。但是也有例外的，同樣是鼠，如白老鼠不但可以爲醫學試驗犧牲，也是小朋友們飼養的寵物。另外有一種灰鼠，牠的皮做成的灰鼠皮草，並不遜於貂皮。其他如松鼠袋鼠等也都是被人飼養玩賞或飼養在動物園裡的嬌客。

老鼠也是刁鑽，聰明的小動物，在我國的古老童話中就有老鼠用尾巴伸進油瓶中偷油吃，和一隻老鼠仰臥著四肢抱蛋，另一隻老鼠咬著尾巴拖走的老鼠偷油和偷蛋故事。但是更驚人的是大家都認爲老鼠有預知災禍的能力，如某處將發生洪災，某宅將遭回祿。某條船將觸礁等不幸，這時候這些地區或房舍、船隻上的老鼠，都會成群結隊先行離去。這種未卜先知的本能，在世界都曾發現過，似乎不是傳言而已。尤其是當船員的如下船時看到老鼠離船上岸，他的心裡一定會起毛，甚至托詞離船，不跑這一趟了。不管眞的會不會發生船難，在他們心目中，老鼠離船反正不是好兆頭。

雖然老鼠的長相不怎麼樣，甚至會讓孩子及小姐們害怕，但是有多少人知道，老鼠肉有吃一口想再吃一口的鮮美。在台灣一般都不吃家鼠，因爲老鼠是無所不吃的雜食動物，怕牠常吃不潔之物。筆者在山林工作多年，山鼠和田鼠不但體積大，肉也結實，紅燒山鼠肉的美味，一直念念不忘，山裡還有飛鼠、松鼠、栗鼠，它們的肉都吃過。都不及山鼠鮮嫩。去歲旅遊澳洲，初嘗袋鼠肉，味道也不錯。據說廣東人喜歡吃乳鼠進補，他們把剛生下眼睛尚未開的小老鼠，沾著蜂蜜往肚子裡呑，傳聞如此，沒有看過，不知是否屬實。

鼠年談老鼠娶親

初一早、初二場、初三老鼠仔娶新娘……這是台灣的新年謠，其中第三句說正月初三日是老鼠娶親日，老鼠娶新娘，老鼠嫁女，鼠納婦等的年節民間傳說，全國各地幾乎都有流傳，今歲適逢丙子，又是十二生之首的老鼠值年，在新正年頭，就用老鼠這個應時話題，來談談老鼠娶親吧！

首先來講一則流傳在各地的「老鼠嫁女」童話故事，說古時候有一個法術高明的老頭，有一天他在屋裡，忽然聽到有喊救命的聲音，於是走出來瞧個究竟，原來是一隻大老鷹抓著一隻老鼠，在天空飛過，於是稍施法術，把老鼠給救了下來，這隻老鼠爲了要報答老者，甘願跟隨老人家來服侍他，老者看牠頗有誠意，就欣然答應，並施法將牠變成人形，原來這隻老鼠是母的，變成人後竟然是一個可愛的小女孩，老者就將他收作義女帶在身邊，若干年後，小女孩長成婷婷玉立的大姑娘了，老者就想給他找一個婆家，他知道老鼠暗戀著太陽，於是作法上了天親自去向太陽提親，太陽說雖然我看起來很威武，但是雲一來就黯然無光了，你還是找雲吧！老人家立即找到了雲，雲說我雖然能將太陽的光遮住，但是遇到風就會被吹得無影無蹤了，你還是去找風吧！老者一聽就轉身找到了風，風也不肯答應，他說他有力量把雲吹散，但遇到牆就沒輒了，只要它一擋，風也會吹不起來了，老者一聽就回到家裡，對著屋裡的牆說出心願，不料牆毫不思索地一口拒絕，原來牆最怕老鼠，老鼠會在牆角裡打洞，老者一想老鼠配老鼠不是絕配嗎，於把把牆洞裡的老鼠給叫了出來，這一湊合就完成了老人家的心願，於是又施法將女兒變回老鼠身，準備了一大盤水餃，讓她吃飽，自己在天未全黑就上床睡覺，免得妨礙他們成親，那晚老鼠娶親也是很熱鬧的。花轎、鑼鼓、提燈、鞭炮樣樣都全，那一天據說是農曆正月十七日。所以每逢過年，無論在年畫，窗紙上都會有老鼠娶親圖出現，記得民國六十一（一九七三）年，我國郵政發行第一套老鼠生肖郵票時，設計原圖中就有一套老鼠娶親圖，可惜沒被採用，而用了一套衆所垢病的松鼠圖案。

老鼠娶親的年俗全國各地都有，但日期卻因地而異，如江蘇南部地區是大年正月初一，台灣是正月初三，湖南爲正月初四，蘇北地區是正月十六日，四川在除夕的大年夜，只有河南地區要說是正月十七日與傳說故事中的日期相同。但也有地區說是正月初七老鼠娶親，正月十七老鼠嫁女，正月二十七老鼠生小鼠。雖然人類普遍對老鼠有厭惡感，但是在新年風俗中的老鼠娶親或嫁女日，人們還是會好好地爲牠們慶祝一番，如在江南某些地區，那一天家家戶戶要炒芝麻糖，或做爆米花，說是老鼠成親的喜糖，那天晚上孩子們將糖果、糕餅、花生等放置在老鼠出沒的地方，爲他們擺喜宴，而且還要拿著鍋蓋，畚箕等敲打一番，說是爲牠們催粧。在北方許多地方還有祀鼠的風俗。在初七、十七和二十七這三個傳說中老鼠娶媳，嫁閨女，生小老鼠的日子，都要包一頓素餃來吃，當然也要餵一下老鼠。其中以十七日老鼠嫁女兒最爲重視，那天吃餃子的人家最多，也最隆重。正月二十七日老鼠生子，傳說老鼠外婆要爲閨女送粥來，當然也要爲牠準備一番。在湖南的資興地區，是夜要在屋角，過道上點些蠟燭，好讓老鼠拜堂，但人卻要提早上床睡，不要去驚擾牠們，在蘇南地區是晚是不准點燈的，在《光緒武進陽湖縣誌》上有這樣的一段記載：「正月初一，遇雨，晚不燃燈而臥，曰『老鼠嫁女』」。老鼠嫁女（或娶親）日主要是大家提早上床休息，雖然是配合傳說不打擾老鼠辦喜事，其實也是古人刻意的安排，好讓在新年裡狂歡喜樂的人們能有個充分睡眠的機會。

雖然人類並不喜歡老鼠，卻又鄭重其事地在新年裡爲牠們安排喜劇性的活動，一說是人類原有愛護及憐惜小動物的天性，一說是老鼠繁殖能力特強，與我國傳統的多子多孫多福壽觀念相近，何況老鼠也是大家同一個屋簷下的小生物，把新年吃餃子和老鼠娶親聯想在一起，無非是表達人們心中對香火茂盛，子孫綿延的一種願望。

在諸多活動的最後，還是寓有人不能與鼠和平相處之意，比如說老鼠嫁女的寓意是將老鼠遣嫁出去，從此可以圖個安寧，取個吉利。有些地方雖然前一夜供食物給老鼠吃，可是翌晨一早就將老鼠出入的洞口塞死。謂這樣做可使老鼠絕跡。在河北、山東、四川、江蘇和山西等地都有老鼠娶親的年畫，畫著一群老鼠穿紅著綠，掮旗打傘，敲鼓吹瑣吶，抬著新娘轎。後面跟著頭戴清朝宮帽，手搖折扇，雙眼死盯著嫁粧中的一隻大金箱，貪婪地騎在癩蛤蟆背上的大鼠，但是最後卻是一隻張著大口的大黃貓，其結局可想而知了。另外在湖南地區，新年有一種老鼠嫁女的兒童遊戲，男女兒童有扮新娘和新郎的，有吹喇叭抬花轎的，他們一邊玩一邊唱，歌詞是「老鼠嫁女，嫁到那裡，嫁到貓公肚子裡」。一唱一答中，充分表現出人們對老鼠的態度，最後還是想消滅牠們的，可憐的老鼠。

牛年趣談

戊子鼠年退位，接著而來的是己丑牛年。生肖排列小小的老鼠掄元，碩大無朋的牛敬陪次席，民間傳說當年排名時曾有一番爭執，牛並不服氣被老鼠矮化，認爲自己體壯力大應該排在第一，刁鑽而不認輸的老鼠，自知體形無法與牛來相比，但機智絕對贏得過牛的，於是他對牛說，誰大誰小不是你說了就算，我們到街上去走一趟，聽聽人們的公論。本性憨厚的牛以爲以自己的體形，絕對不會輸給小小的耗子，就答應了。老鼠就派了一隻體形肥大的出場，當牠們出現在大街上時，只聽到街民們大呼「看！好大的老鼠」，無視於司空見慣的大笨牛。就這樣老鼠坐上了首席。雖然在生肖的排名屈就第二，但在家畜類中，卻仍高居牛、羊、雞、犬、豕五畜之首。

在早年農業社會時代，牛是莊稼人的最佳伙伴，也是不可或缺的幫手，諸凡耕、犁、汲水、輾磨、拉車等等，都得仰賴牛力，早年北方有一首童謠：「青草地細水流，一個老頭去放牛，他養牛爲耕地，大囤小囤糧滿倉；一頭牛餵得飽，一頃地耕得好，地耕好，一家吃飯都有了，老牛也不白吃草」，牛吃草長力，化費少收獲多，能幫農家把田耕好。不幸的是牛的一生爲人類鞠躬盡瘁，只知耕耘不計收獲。但最後還是被主人給「出賣」了，雖然農家大多不忍食其肉，到現在早已由機械鐵牛替代了耕牛，還有不少農家出身者忌吃牛肉的。但辛勞一生的耕牛最終還是難逃送入屠宰場，遭到宰殺的命運，爲人類作最後的供獻。另一首童謠爲牠唱出可憐的結局：「老牛無言每日憂，牛棚夜晚冷風颼，牛皮鞔鼓用捧打，骨頭磋簪去駁頭，零碎骨頭做骰子，牛肉割碎入湯鍋。」牛除了一身蠻力，全身從角到尾，無一不奉獻給人類，如謠中的牛皮鞔鼓，牛骨做簪，牛肉進鍋，甚至碎骨都被拿來做骰子。

牛雖然因農業機械化而退出農作，因爲在工業上的大量需求，如製鞋業，服飾業，家具業等等，以及大量乳品業，依然有其重要經濟價值。因此某些牛成了飼養在牧場中養尊處優，優哉游哉的乳牛和肉牛。牛奶是現代人攝取營養的主要來源，如奶粉、鮮奶、保久奶等，尤其今天大多數婦女，爲保持身材或職場不便，放棄了餵母乳而改餵牛奶，因此嬰、孩兒奶粉需要量龐大。牛肉雖然有部份人忌食，但歐美等國家牛肉幾乎成了主食，在西風東漸下，吃牛肉也成了風氣，如牛排、漢堡、牛丼，加上滿街傳統的牛肉麵，牛肉餡餅，餐桌上的牛肉、牛柳、牛腩等美餚，以及休閒食品牛肉乾等。而神戶牛肉、松阪牛肉和台塑牛排更是饕客口中的極品。

做牛也有幸與不幸，如果出生在印度就會被敬爲神牛，可以大搖大擺地在馬路上行走、倒臥，行人都會讓著牠。如果出生在西班牙，就可能被豢養成鬥牛，在鬥牛場上成千上萬瘋狂興奮的觀衆面前，挨鬥牛士鋒利的劍。談到鬥牛我國金華以及邊疆少數民族聚落區，年節時也有這種活動，不過西班牙是人牛鬥，金華等地是牛牛鬥。在台北街頭，光復初期還可以看到牛拉著車，在大馬路上慢吞吞地邁著牛步，偶而還會傳出趕車者的吆喝，和抽在牛背上的鞭撻聲。今天的台北市已經見不到牛的蹤跡了，除非到襄陽路的台灣博物館大門前，看趴臥著的兩頭據說是六十多年前，日據時的台灣總督府舉辦台灣博覽會時，僞滿州國贈送的大銅牛。說到歷史上的牛，最風光的應該是角綁尖刀，尾拖火把的火牛陣，其次要算三國諸葛亮的發明的「木牛」流馬了。而《西遊記》中的牛魔王，閻羅殿上的牛頭馬面，七夕鵲橋會中的牧牛的牛郎，以及老子李耳所騎的青牛等等，不過是通俗小說和民間傳說中的故事情節而已。但長相蠢拙的牛，被列入「牛鬼蛇神」一族，其因何自令人不解。

牛因爲身軀龐大，行動緩慢，樣子拙笨，因此常常被人拿來作笨手笨腳、呆頭呆腦的貶喻，如大笨牛啦，對牛彈琴啦，西牛望月啦、牛步、牛飲，還有學校裡將資質較差的學童編入看牛班等等。甚至吹牛皮，牛脾氣等都以牠的名訴之。其實牛並非人們想象中的那麼笨，雖然有一句「懶牛厚屎尿」，來諷譏借題偷懶者，不錯，牛的確會在拖犁、拉車時，停下來屙屎拉屎，藉機休息一下，而令人意外的是通常牠不會將屎尿完全排清，留一半待下一次累了再停下來解決，再次藉機休息一下，懶牛眞的「厚屎尿」嗎？牛眞的笨嗎？就憑這點就有了答案。

牛有時脾氣一來，的確是相當「擰」的，雖然拴在牛身上皮肉最嫩薄，最敏感的鼻孔中的鼻拴，平時牽動牠時一拉扯就會痛得牠百依百順，因此要牠東不敢西。但牛脾氣一發作，你怎麼拉扯，牠會強忍疼痛，就是佇著不動，因此年前大陸廣東，爲蓋大樓必須拆除一批老舊民房，其中有一棟拆遷戶，因無法接受賠償補助條件，硬是抗拒拆遷，大陸報上稱這戶人家爲「最牛釘子戶」，眞是夠妙的！

雖然人們加諸牛身上的形象。可憐得一直是貶多於褒，那麼再多加一個，應不爲過吧，那就是大家把家財萬貫，身價不菲的富豪，譏稱之謂「金牛」，金牛之名源自何處，一直找不到出處，直到去年美東旅之時，在紐約市看到一頭巨牛雕塑，大喇喇地放置在華爾街人來人往的人行道上。還不時有導遊帶著觀光客，在牛身上撫摸，說是摸過後財運就會旺起來。華爾街是美國金融中心，也是全世界財經的指標，這頭凸著大肚昂首在金融重鎭的大牛，大概就是象徵財富的「金牛」產地吧！我想。

在社會上有一句常用泛稱「黃牛」，這裡的黃牛有兩種不同的含意，一種是買賣的掮客，也是現代語的仲介。如小到買黑市電影票、球賽入場券等的黃牛，或仲介色情的色情黃牛，大到涉及訟案的司法黃牛等等。另一種是言而無信的意思，比如承諾人家的事無法兌現，就說是黃牛啦等。掮客仲介之稱爲黃牛，因爲黃牛無論耕田、拉車都是用肩膀，而早年人工單獨搬運稍重的物品，也都是用肩抗的，用肩舉物也稱作掮，所以代人買賣或牽線介紹的掮客，都被泛稱黃牛了。而答應人家的事，結果無法辦到，爲什麼也被稱作黃牛？是因爲人們認爲人有兩隻肩膀，可以抗得起東西，而牛是單肩所以靠不住，上海人罵擔不起責任的人爲「沒有肩膀的」，是同樣意義。矛盾的是黃牛用在掮客身上，可是抗得起的。而用在失信人身上，卻抗不起責任了。

至於牛被牽連到色情一環，如男妓稱爲午夜牛郎，脫衣舞場叫牛肉場等。其實牛並不像豬哥一般，被「牽豬哥」的趕著，到處找母（種）豬作傳種接代的勾當，爲飼主賺錢，被迫成爲台語好色的代表。午夜牛郎一詞，源自一九六九年一部美國好萊塢電影 Midnight Cowboy，內容是一個西部牛仔到紐約市，夢想從事應召男賺大錢的故事。此後在星期五餐廳，專門服務女性顧客的男公關，被泛稱之爲午夜牛郎了。關於二十多年前在台灣盛行一時的脫衣舞場，又怎麼被稱爲「牛肉場」的？原因是脫衣舞雖然盛行於全台大小城鎮，但仍屬違反善良民俗，有傷風化的不法演出，隨時會遭警方取締。因此常常有人花錢買了門票，卻見不到眞章。脫衣舞也是退伍老兵們消遣解悶的最愛，但往往買了票碰到警伯站崗，大煞風景，於是常有些操著濃厚鄉音的老芋仔，趴在售票窗口，頻頻用不純熟的台語問，「烏馬嘸（有肉嗎）」？有沒有舞女裸體（露肉）的「烏馬」？被聽成台語發音的「牛肉」，牛肉場就是這樣來的。

牛的全身都是寶，牛肉、牛筋、牛肚甚至牛鞭、牛尾等，都是餐桌上的美食佳餚。牛蹄、牛骨磨成粉可做肥料。牛皮用途更廣，早年在黃河一帶，帶整隻牛皮吹足了氣，做成皮筏作渡河的交通工具，也因此「吹牛皮」被用作說大話的代名詞外。牛皮製革加工成衣飾、靴鞋、包篋、家具等等。牛皮的韌性也常被其他物品用來加強語氣，如牛皮紙、牛皮糖等。近來更有整張牛皮做成涼蓆的新用途。牛角可用來做工藝裝飾品或吹鳴器，甚至連牛糞在北方都被撿來貼在牆上，乾了待寒冬時節，扒下來作取暖的燃料，唯牛尿毫無一用，成語中的「牛溲馬渤」即指毫無價值的微賤之物，牛溲即牛的尿液。

牛是祭典上重要祭品之一，如三牲的牛、羊、豬、五牲的牛、羊、豕、犬、雞。最令年青學子感趣的是一年一度的拔「智慧毛」，傳統的孔子誕辰祭孔大典，要用整頭牛來祭，在典禮結束後，有拔「智慧毛」的活動，就是從牛身上拔一撮毛。自古以來，咸認從文聖君享用過的牛身上，拔一撮毛用金泊包起來，作護身符掛在身上，可使讀書的孩子增添智慧，考試順利上榜。因爲拔毛者衆多形成搶拔，往往造成秩序大亂，而且也不夠人道。因此現在這項拔智慧毛活動，已改採以毛筆代牛毛，或改發智慧餅，讓牛隻逃過了一劫。

我人有一句對出家人極爲不敬的俗語：「指著和尚罵禿驢」，罵和尚爲禿驢，是因爲和尚都剃光頭的緣故。但是罵道教的道士爲「牛鼻子」，就有些莫名其妙了。傳說道士頭上都紮有高高的髮髻，樣子很像牛的鼻子。也有人說道教始祖李聃騎牛出函谷關，後世乃以牛鼻子稱道士。筆者認爲雖勉強，但可姑且聽之。牛鼻子一詞，目前在大陸另有用途，如「這下子抓到了交通改革的牛鼻子」，在這裡牛鼻子是指「關鍵」了。前面曾提及牛鼻子中被拴上牛拴，牛拴就是控制牛行動的關鍵。

有些人喜歡將出生時的生肖，顯示在名號中，如取名牛港（港台語同公音），或小名叫小牛、牛妞等等，早年有一位牛年出生的著名漫畫家，他的筆名叫牛哥，而且筆下的漫畫人物，也都牛了，如風靡一時的連環漫畫「牛伯伯打游擊」、「牛小妹」等，實際上這些與牛都無關，只是肖牛的畫家手筆而已。就像許多商品帶著牛字卻與牛扯不上關係，像牛軋糖、牛舌餅、鑾牛、牛蒡、牛黃、牛頭牌沙茶醬等。

戊子鼠年在紛紛擾擾中譜上休止符，這一年中與牛有關的事件，如進口美國狂牛症牛肉，和冒名日本松阪牛肉的爭論，大陸毒牛奶粉事件，也都隨著遠離了。牛年來到扭（牛）轉乾坤，希望新的一年，事事順吉，歲歲平安。

牛年談童謠中的牛

無論是民歌或童謠，必然會帶著一股濃濃的鄉土味，這些充滿了淳撲拙實的情感，與我國早年的農業社會息息相關的，也是反映古老民間生活形態、廣爲流傳的珍貴民俗文藝。

今年是牛年，牛是我國農業社會時代農家的得力幫手，舉凡耕、犁、拉車、輾磨等都有賴牛的「大力」相助。不幸的是人類貪得無厭的本性，使這個忠心耿耿爲主人辛勞一生的人類最忠實的伙伴，最後還是被主人「出賣」了，雖然農家大多不忍食其肉，但終究還是難逃送入屠場，遭受宰割的噩運，這種眼不見爲「慈悲」的心態，也是人類最大的劣根性。

童謠民歌裡雖然是早年農業社會中的產品，提及牛的歌謠也不少，但完全爲牛而歌者卻並不多。下列三首是少數中較可代表「唱牛」的童謠。

高高山上一條牛
四個蹄子分八瓣兒
尾巴長在屁股後頭
腦袋長在脖子上頭

這首流要在北京的童謠，字句簡單是母親（大人）唱給孩子聽的，內容雖然是直述而簡單，在早年也算是教導幼兒認識動物的一種方式，尤其是在北京這種城市中。

青草地細水流
一個老頭去放牛
他養牛，爲耕地
大囤小囤滿糧食
一個牛，喂得飽
一頃地，耕的好
耕地好
一家吃飯都有了
老牛他不白吃草

這首河南鄒平的童謠裡充分顯示出牛對農家的重要，農家飼養牛隻是爲了耕地，地耕得好「大囤小囤」就會積滿糧食，因此「一家吃飯」也「都有了」，而養牛卻不必什麼化費，一個從田裡退下來的「老頭」，把牠帶到有「細水」的「青草地」上「喂得飽」就可以了。牛眞正是只知耕耘不計收穫的，因爲牠不必分享「利潤」。

牛老無言每日憂

牛棚夜晚冷風颼
牛皮輓鼓用棒打
骨頭磋簪去駁頭
零碎骨把骰子做
牛肉割碎入湯鍋

這首流傳於北方的童謠，描述牛的最終命運，眞是悲慘至極，老牛度過了最後的春耕秋收，關在寒風颼颼的牛欄里，等候宰割的心情是多麼淒涼！宰後的牛，皮被做了鼓面，被人用鼓捶打著，牛骨磨磋成駁頭髮的簪，做剩的碎骨也做成了供人賭博玩樂的骰子，而牛肉割切成一小塊一小塊地，或燒或燉，或炒或煨都成了盤中佳餚。這就是牛辛勞終生的下場，當時製革技術尙未發達，牛皮只供做粗糙的器具，現在科學昌明牛皮已成爲製造服飾的最佳材料，而牛骨因爲化學品的替代，人類無論男女早將長髮剪去，簪已失去往日的功用，牛骨也只好磨成骨粉成爲製造肥料的原料了，只有牛肉因西風東漸食者更普遍了。雖然現在早已以機械替代了耕牛，牛也和其他家畜一樣，飼養牠專供人類食用了，但還是有部份人士體恤牠曾爲人類辛勞服役，不忍食其肉，但牛肉味美而脂肪少，西方早已替代豬肉成爲人類主要肉食了。

虎年哀虎

又是戊寅虎年了，虎有森林之王的威稱。台灣不產虎，卻連年「虎聞」不少，先是有人宰虎賣虎肉，虎鞭、虎皮更是搶手貨，幸好愛護動物團體出面，引起有關單位注意，加以取締，事件才不致擴展。後來又有某馬戲團經營不善，無力餵飼表演用虎，最後棄之於市，任其挨餓受飢，真的「虎落平陽」了。台灣雖不產虎，卻有個虎尾鎮，前台灣菸酒公賣局嘉義酒廠生產的虎骨酒遠近聞名。人家說大話叫吹牛皮，我們台灣話卻叫它「畫虎爛」，寧非怪事。

虎年不能不談虎，但一時腦筋子打結，擠不出東西，又不敢畫虎爛，只好草撰賀年詩一首，來應一下景。詩題「哀虎」，因有鑑於在台灣虎虎生不出風來，該爲之哀。請看：

哀虎

披一身炫美耀麗的皮毛
出沒之處都成了景陽崗
你愛吃人肉

人卻連你的骨頭都要
難怪你遇到的
都是英勇無比的武二郎

人類封你爲森林之王
卻不斷將你的王國毀掉
最後只留給你
鐵欄內的疆土一方

你勇猛威武舉世無雙
竟臣服在馴獸者的鞭下
淪落到馬戲團裡
和猴子們一起耍寶

唉！森林之王
王者之尊在何方

己卯兔年話兔子

民國八十八（一九九九）年元旦一過，即是農曆春節，時序進入歲次己卯，依照我國傳統的生肖排班今年是兔子値年，在十二生肖的動物中，兔子是最討人喜歡的了，牠溫馴柔順、敏捷靈活和愛惜皮毛，喜愛保持潔淨的性格，是小朋友們一個最佳的示範，因此兔子就成了我們成長過程中，童年時期的良伴。除開教育性的「龜兔賽跑」、「雞兔同籠」外，在我們民俗節慶中的元宵節的兔子燈，中秋節的兔兒爺，都是孩子們的最愛，外國卡通片中的兔寶寶，是現代兒童們的玩伴，如美國華納貝比兔，英國的彼得兔，荷蘭的米飛兔，甚至因一齣日本電視劇中，女主角喜愛的兔子美樂蒂兔等等，以牠們的造型製作的玩具，飾品都成流行的搶手貨。

兔子屬乳綱兔科，有家兔和野兔之別，雖然牠具有一副尖利的牙齒，但天生缺乏攻擊的本能，幸好上帝並沒虧待牠，給了牠一對長而可以大幅度轉動的耳朵，一雙大而凸出的眼睛，加上敏銳的嗅覺，和善於跳躍的前短後長的四肢，讓牠以迅速的動作，擺脫敵人的襲擊。因爲其走避迅疾，故大家都慣用「兔脫」來形容行動的迅速，蘇伯衡在《古劍歌》詩中，有「神光兔脫飛霜雪」句。另外以兔子喻行動速疾的，尚有「兔起鶻落」，《郝經》：「兔起復鶻落，雲行溪水流。」鶻是鷹，此後都用來喻書畫家用筆之迅捷。在家喻戶曉的《三國演義》中，關雲長的赤色坐騎被稱作「赤兔」，因其有日行千里之速度。早年的上海及現在的澳門「賽狗」，都用快速的「電兔」作爲誘物，用其「疾如脫兔」的快速，激發狗的速度。

在我國的文學作品中，喜用玉兔來代表月亮，金烏代表太陽，如「金烏墜、玉兔升」指日降月昇。而「烏兔」則爲日月之合稱。更有用「兔魄」、「兔輪」的，如劉伯溫詞中的「兔魄又滿，天長雁」。元愼在其《月詩》中的「西瞻若木兔輪低。」其中的「兔魄」和「兔輪」皆指月。以兔喻月起因於民間神話「嫦娥奔月」，由月亮上的廣寒宮中玉兔搗藥的故事延伸而來的。傅咸擬天問：「月中何有？玉兔搗藥」。

兔子雖然有許多正面的讚美，但也有不少以兔爲例的負面用詞，如成語、俗諺中的「狡兔有三窟」、「兔子不吃窩邊草」、「守株待兔」、及「兔唇」、「兔崽子」等等，其實兔子並不狡猾，也不是因爲怕惹花拈草易於曝光，而不敢吃窩邊草，而是兔子缺乏自衛的能力，爲防止敵人來襲，只好用智慧來保護自己，三窟和保持窩邊完整，完全是防禦措施。所以要用以逸待勞撿便宜的心態，等兔子從樹洞中出來，那你就會徹底失望了，因爲兔子有三窟也。

因爲傳說月中有兔子搗藥，而且這兔子是公的，因此又有雌兔抬頭望月，會受「明月之精」而懷孕生小兔子，又因爲月有圓缺，而缺時多於圓時，故兔子的上唇也中裂成缺唇的傳說，人在出娘胎時有上唇裂開的缺陷時，就被稱作「兔唇」了。一般來說兔子在外表上很難分辨雌雄，故古時有誤認兔子都是雌的之說，也就有了「兔子視月而有子」之神話，也因此將變童，男妓及同性戀者中的「相公」、「姑子」等，被稱作「兔子」，而「兔崽子」是小兔子和兔孩子之意的罵人語。

兔子的繁殖力強，但經濟價值並不高，雖然兔皮、兔毛可加工製作衣飾，兔肉也甚鮮美，但品質層次不高，在養殖業極爲蓬勃的台灣，因爲不見大規模養兔場。其實兔毛自古即爲製筆的上乘材料。「兔管」亦書畫家認爲筆中上品，可惜如今毛筆式微，「兔管」已成爲少數珍稀了。至於兔肉雖然許多古籍如《東石夢華錄》等中，都有兔肉菜單的記載，像「簽盤兔」、「潤兔」、「蔥潑兔」、「兔糊」等，但至今一直未獲得重視，也少見名品佳味。在台灣早年的墾丁曾有美味的野兔肉料理，現在已不見，雖然南部有些地方尚可吃到兔肉佳餚，但爲數也不多。在中國大陸如長江兩岸的城鎮市集中，還可看到出賣兔肉的肉販。兔肉以野兔爲上品，家兔則略遜，台灣的淺山中時有野兔出沒，但未被重視保護，在大量捕殺中，已成爲稀有動物了。

家兔的種類繁多，一般優良的品種如安哥拉兔，蕾克絲兔，青紫藍兔和日本大耳朵兔等都是以取其皮毛爲勝，唯中國家兔是肉兔，所以牠又被稱作菜兔。

兔子對人類的貢獻雖沒有其它家畜大，但在醫學實驗中，兔子還是有其可磨滅的功勞，時逢兔年讓我們向牠致敬。

戊辰開春話龍頭

雖然龍只不過是活在我們心裡的一種屬於神靈的形象，數千年來始終未曾有過具體的型體出現，但並未因此而減損了牠在我們心中的地位，這當然肇因於牠曾經是帝皇的象徵。因此龍也就成為出類拔粹的代表了。如我們與新加坡、韓國、香港的近幾年在經濟上的成就，就被國際間稱譽為亞洲的四條小龍。也難怪每逢龍年人們都希望生個龍子，期以能長大後出人頭地，今年歲次戊辰，又逢龍年，時值新春歲首，龍頭初探，就讓我們來談談「龍頭」吧！

龍既然曾經為帝皇之象徵，當然是屬於位極至尊的代號了。但在一般社會中，代表首腦階層的稱呼卻要更進一步，以「龍頭」居之。如幫會派系的領導人物往往被稱之謂「龍頭老大」，甚至政府首長公司主管也常被稱作「龍頭」，如元月十五成立的台灣省勞工處，處長蔡憲六先生在被任命後，某報就曾以「勞工龍頭」作為標題，又元月廿一日中油公司總經理關永實，率領五十一名一級主管到環保署環保研討班上課，某新發刊的日報也以醒目的標題稱他為「龍頭老大」。

可見「龍頭」的地位和代表性了。

古時「龍頭」亦爲狀元之稱。如澠水燕談錄中黃州寄孫何詩「惟愛君家棣華榜，登科記上並龍頭」，又梁顥及第謝恩詩也有「也知年少登科好，爭奈龍頭屬老成」句。狀元又稱「魁甲」是進士第一，當然應該視之爲「龍頭」了。

「龍頭」在稍早也是郵票的代名詞，民國二十（一九三一）年代老一輩的習慣將郵票稱爲「龍頭」的。尤其是江浙一帶甚至講郵票二字，一些鄉村婦孺老人還會瞠目以對。不知你在說什麼呢！原因是我國在民前三十四年（公元一八七八），清光緒四年發行有史以來第一套郵票時。因格於我國對皇帝有神聖不可侵犯的尊重，當然不能以光緒的人像爲郵票的圖案。乃採大清帝國的國徽，一條張牙舞爪的龍爲圖案，因正面的龍頭非常突出，所以大家稱它爲「龍頭」了。嗣後郵票的圖案也一直以龍爲主題，前後延綿了四十多年，在集郵史上早年的「大龍」、「小龍」，「蟠龍」等已成爲國寶級的珍郵。而「龍頭」現在卻已成爲歷史性的郵票代名詞了。

自來水最早是在上海租界開始供應的，時間是在光緒九年。當時上海市民見水管接到家裡，只要把閥門一扭開，清水就嘩啦嘩啦地不斷流出來。的確是神奇之極，在我國人的古老觀念中，水是海龍王掌管的，因爲龍也分爲火龍及水龍二類，各有所司。水龍居海底龍王水晶宮中，職司調節雨水，我們看到先人畫中的龍有吐水若瀑者，也有噴吐火球的。口叶水的大概就是海龍王吧！記得民五十年間台北大旱不雨，時自署舊王孫的溥清皇族溥心畬，曾往北投某廟祈過雨，他親書「祈雨文」一篇，在神前焚，文中有句曰「起應龍而作霖雨，勿使元冥失職，旱魅肆虐」。可早年我人深信龍是主宰雨水的，於是上海人看到自來水從水管中源源而來，就把它視為神龍吐水，而自來水的開關閥門也就被稱作能吐水的「龍頭」了，就這樣「水龍頭」這個名稱一直沿用至今。

其他被按上「龍頭」的事情還不少，如「龍頭拐杖」，是帝皇時代皇太后的專利品，它具有無上的權威，不但可以擊打朝廷大臣，連皇上犯錯也可以杖擊之。現在我們還可以在平劇裡的「打龍袍」、「法門寺」中看到，其次還有「龍頭鍘」，相傳是宋朝龍圖閣大學士包文正，專為皇親國戚的罪犯所設的刑具，在鍘刀上飾以「龍頭」，以示不同於使用「虎頭鍘」的官吏，以及「狗頭鍘」的一般百姓了，刑具還要分以身份階級，大概是後人臆測附會之作吧！

辛巳話蛇

十二年一輪的蛇年，今年正好與新世紀同臨人間，在十二生肖各種大小動物中，除了龍屬神化的、不存在的虛幻動物，無法確認其善惡外，蛇因爲部分有毒，能傷害甚至危害到人的生命，因此大家遇到蛇，都具有一分恐懼和避之唯恐不及的厭惡。故蛇是十二生肖中最不受歡迎的一族。其實根據生物學家調查，全球二千三百多種蛇類中，有毒的爲數極少。就依台灣來說，五十八種蛇類中，也僅僅只有百步蛇、雨傘節、飯匙倩（眼鏡蛇）、龜角花、鎖鏈蛇及赤尾鮐（又稱赤尾青竹絲、俗稱乾尾仔）等六種具有威脅人類的毒液外，其他都是生性溫和的無毒蛇，而毒蛇一般也不會主動攻擊，除非你去惹牠或不注意踩到牠，才會使出自衛性的反擊。故此，蛇並非你想像中那麼可怕。在人們認爲最吉利祥兆的龍年甫過，接著來的是被稱作小龍的蛇年，其實蛇對我人類還是有不少貢獻的。在迎接辛巳蛇年降臨新的二十一世紀之際，讓我們來談談蛇罷。

在台灣山居的原住民對蛇都有一份敬畏，如南台灣的排灣族，他們崇拜百步蛇，認爲百步蛇是他們的祖先，他們的傳說是蛇神生下的卵，經太陽孵化生出他們的祖先。而百步蛇就是蛇神的形象，因此他們在屋樑、門框、農具上，都雕刻著百步蛇的圖案，祈求神和祖先庇佑他們平安和豐收。在蘭嶼達悟（雅美）族也有一則有關蛇的傳說，古時蘭嶼島上的一對父子，駕著獨木舟出海捕魚，當船駛到快近小蘭嶼時，父子倆想起傳聞中小蘭嶼有金礦，於是起了貪婪之念，將船駛往小蘭嶼準備找金子。當他們抵達海灘上岸時，突然一條大蛇直撲而來，他們見大蛇來勢洶洶，立即回到船上急急駛離，不料大蛇緊隨而來，並用尾巴掀起大浪，似有驅趕之意。當獨木舟離開小蘭嶼相當距離後，大蛇搖擺著尾巴，直向天空飛去，瞬間消失在海天之間。當消息在島上傳開，族中長老咸認爲是海神示警，從此達悟人不敢再有非分之想，並對蛇亦心生敬畏。

談到蛇的神話，在我國除了最早在《山海經》中，有許多最古老的有關蛇的神話、傳說外，傳播最廣的應該是「白蛇傳」中白蛇白素貞與許仙的故事了，因爲白素貞在端午節那天，喝了雄黃酒顯露原形，使這一對神仙伴侶情海生波，最後悲劇落幕，因此每逢端節傳統劇場、民間慶典中都會上演應景戲「白蛇傳」，近年來崇洋哈日之風甚熾，民間傳統已漸被忽略如「白蛇傳」這種人妖戀的傳奇也逐漸被淡忘了。在台灣的民間信仰中，也有不少與蛇有關的，如斬蛇除害的法主公和臨水夫人，都有廟宇奉祭，而祀奉在劉聖公廟中的蛇神公，是因爲示能驅除蟲害、保庇五穀豐收而被祭拜的。

在馬來西亞的檳島（檳榔嶼），有一座名聞遐邇的「蛇廟」，被稱爲「蛇廟」的是一座由閩南移民華僑所建，供奉清水祖師的「青龍寺」。清水祖師是閩南人普遍信奉的神祇，幾乎閩南人聚居之處，無論國內外都可看到祖師廟，但這座祖師廟有一個別處見不到的特殊景象，就是建寺至今寺裡的燭台、供桌、樑柱上，一直有許多綠色的毒蛇，纏繞盤居著，雖然長久以來，有許許多多的信徒、香客、遊人進出其間，但人蛇之間始終保持著互不侵犯，也一直相安無事，令人嘖嘖稱奇，證明了人不犯我，我不犯人的人蛇關係。筆者兩年前到檳島訪問蛇廟時，寺內青蛇的數量已少得令人失望，據管理人員說：寺內的蛇都來自寺後山坡上的草叢中，雖然自建寺以來從未傷過人，但近年來觀光客日衆，爲預防萬一傷到遊客，所以將山坡上的雜草全部砍了，蛇也絕跡了，目前盤居在燭台、供桌上的是從別處捕捉來作點綴，以維持「蛇廟」的形象而已。

記得郵政總局當年發行生肖郵票時，遇到蛇年時著實讓他們傷透腦筋，因爲當年主政當局甚爲保守，認爲一條人見人怕、人見人厭的長蟲（蛇的別稱），怕不爲社會所接受，也怕影響集郵人的收藏興趣。最後千挑百選中，採取了一個以蛇纏杖的圖案，而且將主題縮小，框飾面積加大，刻意將蛇淡化。可見蛇在人的心目中仍然是屬於「邪惡」的，而人對蛇仍存著一份忌諱。其實郵票上的蛇杖圖案，是一個醫學界的象徵，世界上許多醫學團體、院校、醫院等的標誌，都採取這個以蛇纏杖的圖案，如中華醫學會、行政院衛生署以及世界衛生組織等等。

為什麼醫界用蛇作為濟世救民的象徵？據說來自兩則神話傳說，第一是希臘神話中的醫神艾斯古拉普斯，他隨身攜帶著一根纏著一條大蛇的木杖。相傳古希臘的醫神廟中，飼養著許多聖蛇，病患只要抬到廟裡，讓纏繞在樹枝上的聖蛇看一看，就會將病魔驅離，病痛也就豁然而癒了。第二個傳說是來自聖經舊約，據舊約上的記載；當摩西帶著以色列人離開埃及後，一直在中東地區流浪，因為糧食飲水奇缺，導致以色列人對摩西和耶和華的怨懟，並出言不遜而激怒了耶和華，耶和華在震怒之下，差遣了許多毒蛇，將他們咬噬得遍體鱗傷，以示懲罰。以色列人一急，趕忙去找摩西懺悔，請耶和華赦免他們，耶和華於是指示摩西製造一條銅蛇，把牠掛在杆子上，被蛇噬傷者，望一下銅蛇，傷口即可痊癒。除此以外，蛇杖象徵神秘的生命力中外皆然，東方和西方的巫醫為人治病，都有使用蛇杖施法的。

蛇在東方人，尤其中國人眼中，其實全身都具有治病健身的療效，國人認為吃蛇肉可以解毒清火，保持皮膚細潤細膩，因為蛇無論在陸地或水中行進，均靠腰部扭動，所以人們就認為吃蛇肉可以補腰，如腰痠背、風濕、流鼻血吃蛇肉都有效。蛇膽據說補眼睛的，多吃可使眼睛明亮，視力增強，蛇鞭更被認為於壯陽強精具有奇效，幾年前生態保育尚未被重視時，台北華西街被稱作「蛇街」的觀光夜市中，吸引了大批慕名而來的觀光客，大喝蛇鞭酒和蛇血，其目的可想而知。除上述外，蛇毒也可製藥，蛇骨碾成骨粉都可以治病，而在中國大陸，韓國、台灣及東南亞各地的中藥舖中，都可以看到透明的大玻璃瓶中用中藥泡毒蛇的蛇酒，而日本瓶裝的蛇酒，是由酒廠大量生產的，蛇酒是屬於補品，可見蛇對人類的貢獻是很大的。

蛇也是餐桌上的美食佳餚，雖然許多人尤其是女性，見到蛇會被驚嚇得尖叫，可是對蛇所烹調的菜餚，往往是吃得津津有味的。因爲蛇肉之味美，往往能使人完全忘卻了牠的「兇」「狠」「惡」「毒」的形象。談到吃蛇，大家第一個想到的一是廣東。因爲粵菜中的蛇料理是名聞天下的，如「菊花蛇羹」、「龍虎鳳大會」、「龍鳳呈祥」、「龍虎鬥」、「月下龍吟」等等。在這裡蛇均被美稱爲龍，因爲蛇本來有小龍之稱。但是吃蛇在大陸並非廣東人的專利，其他地方的海鮮店中都有鐵籠中吐著蛇信的活蛇，供顧客選點，筆者曾在廣西桂林、福建廈門、北京、湖南等地，吃過各種不同的蛇料理，可見中國人吃蛇是不分南北的。而台灣則吃蛇之風並不盛，在台北早年的西門市場以及林森北路、萬華華西街等少數地區有蛇肉、蛇湯店，但大都以食療、食補爲主。蛇肉上宴會餐桌的不多。

現代人對蛇的印象越來越淡了，尤其鄉村都市化之後，蛇的活動空間相對地減少了。除非你喜歡登山或居住在山村農莊，要看蛇只有到動物園裡了。在偏頗的傳統印象或貶多於褒的成語俗諺中，使人認定蛇是邪惡的、不善的動物。其實蛇的本性並不惡，牠不主動攻擊人，牠齒囊中的毒液是爲了麻醉獵物，以求生存的武器，不是爲「咬人」而具有的。又是十二生肖辛巳蛇年，希望大家以友善的態度去看蛇，用心愛去保護即將絕跡蛇類。

己巳蛇年話吃蛇

雖然一般人都會談蛇色變，但是蛇的一身卻無一不是「寶」，如蛇皮可以做皮包皮鞋等材料，蛇血、蛇鞭據說會補精壯陽，蛇膽可明目養睛，蛇肉不但味美更有去毒清血。更因為某些蛇在森林中能從這棵樹飈過那棵樹，而蛇無論在陸地或水中前進，均靠腰部扭曲伸展之力，所以認定牠的腰力特強，吃了就可以補腰，其他在醫療方面也有人認爲吃水蛇可以治風濕和腰酸，吃毒蛇可以治皮膚病。毒蛇浸酒更是無上補品，在美容方面多吃蛇肉可使皮膚細嫩白晰，筆者小時在上海有一位風塵女郎的鄰居，每月至少要吃二次蛇肉，職業已不受人歡迎，吃蛇更招人厭惡，不久她只好另覓他遷了。早年曾經看過一部電影片名好像是「痲瘋女」，述說一位患了痲瘋症的女孩，因爲久治不癒，被家人關在柴房儲藏室中，有一天一條大蛇從屋樑上過，聞到下面一缸老酒，不知是酒味薰的，還是大蛇貪杯，竟然掉進了酒缸裡被酒淹死了。痲瘋女因惡疾纏身，被社會遺棄，感到人生乏，就將毒蛇浸泡的酒猛灌，本以爲就此中毒而死，脫離人生苦海，不料因此而痼疾霍然而癒。這是一則民間傳奇，也說明了國人對蛇在醫療上的認同。

大多數人吃蛇是爲了治病或補身，唯獨廣東人吃蛇是一種享受，他們把蛇肉視爲美味佳餚，蛇宴蛇饌成爲粵菜中的珍品，粵人吃蛇不但講究烹調佐料，更講究菜名，一般除了「蛇羹」以外，均將蛇美化爲「龍」。如蛇、果子狸、雞一起調理稱作「龍虎鳳大會」。蛇和雞則是「龍鳳呈祥」，蛇和鴿蛋曰「月下龍吟」，如用兩種不同的蛇則叫做「雙龍奪珠」。其他如「龍王夜宴」、「四海昇平」、「風雲際會」、「翠嶺盤龍」、「龍虎鬥」等等，的確聽來極富詩意而不致因用「蛇」字而影響食慾及進食時之情趣。

台灣雖然因亞熱帶的關係，山區產蛇特多，但吃蛇之風並不盛，早年台北市亦僅一二蛇店，除賣蛇膽、蛇藥、蛇酒以外，附帶賣些蛇湯，但嗜者不多。西門町西寧南路西門市場旁，有一位捕蛇好手經營的蛇店就是這種形態。這家蛇店後來因這位捕蛇專家終究逃不出「蛇掌」，在一次自恃藝高膽大的情況下，略一疏忽而被極毒的龜殼花噬到，更因憑長久的經驗誤導，延遲治療時效而喪失了生命，轟動一時。台灣在發展觀光引來大批觀光客後，因爲經營者大力宣傳，使觀光客深信蛇是大補之物，於是台北的華西街、高雄的六合夜市，都出現了蛇店，他們以現殺現賣招徠顧客，洋人在好奇心的心理下，一杯杯的酒血，一顆顆的蛇膽以及一盅盅的蛇肉湯都灌進肚裡，這也成了我國觀光項目中聞名國際的特點了。當然也賺來了大批的外匯，但是在市場的大量需求下，捕蛇人就進入深山大肆濫捉，台灣的蛇已將瀕臨絕跡。最近報載在供需不足之情形下，業者已經大量的從國外進口蛇類。蛇被濫捕殆盡加上引進的蛇類，會嚴重影響生態，值得有關當局重視的。

筆者曾有一段很長的時間從事森林工作，也吃過不少蛇肉，但台灣的原住民是不吃蛇的，因爲他們認爲蛇是屬於神的，會保佑他們，所以他們的住屋用具上都會刻上蛇的圖案。居住在山區的平地人嗜蛇者也極少，而吃蛇肉的方式也只有煮湯和烤乾二種，蛇肉潔白乾淨，初煮時湯呈混濁乳白狀，一滾即清可見底，蛇湯和蛇乾雖然沒有加任何佐料，其味均極爲鮮美。如果配以各種佐料再經過經心烹調，其味當然是更美，難怪廣東人嗜食蛇肉是有其道理的。

蛇雖然使人害怕厭惡，但並不是害蟲，他能吃掉有害於森林的松鼠和損及糧食穀類的老鼠，對人類還是有益的。今年是已巳蛇年，希望大家來關心牠，不要爲了一快口福或作爲發財賺錢的工具而趕盡殺絕。

馬年談馬趣

又是壬午馬年了，談馬的應景文章一大堆，說古道今總是那一套，不寫也罷。不料老編又來約稿，人情難卻終得應付一下，既不願談一些老套，那麼就談些另類的「馬」，搏君一燦吧。

馬子：古時是馬桶的別稱，不知怎的現代青年人卻把女子稱馬子，馬桶是裝排洩物的容器，區區認爲實有辱婦女，超不妥。

馬桶：是古時富貴人家的衛生設備，一般人解決拉撒問題，就請上茅坑吧。但如上海人家，每戶都有一個像鼓一樣的小馬桶，清晨天甫亮弄堂裡就排滿了這種馬桶，等待水肥車來清倒，接著是一片刷馬桶聲，被謔稱爲「上海清晨交響曲」。

馬桶是人用不是馬用的，卻被稱爲「馬」桶，不知何故，令人百思不解。如果用現代觀點來說，馬桶是「馬子」用的桶，倒有些道理。

馬夫：馬是古時普遍的交通工具，富貴人家一養就是一群。馬多了當然得僱人照顧，諸如餵飼、洗刷、清理馬廄等等，他們就叫馬夫。但是現代的馬夫卻並不做這些事，他們是專職用車載送「小姐」，到賓館去從事性交易的，爲什麼稱爲馬夫則無考，唯一可解的大概是他們載的是「馬」子吧。

拍馬屁：對人諂諛奉承，被叫做拍馬屁，原由不一而足。但區區曾聽上海老一輩的人說，源可能來自上海跑馬廳（現改爲人民廣場）。早年租界時期賭馬曾盛極一時。馬跑第一賭馬者可得高額彩金，御馬的騎士也可獲得同額獎金。當賽事結束，照顧馬匹的馬夫立即入場，第一個動作就是拍拍冠軍馬的屁股，然後幫騎士下馬，接過馬牽入廐，這時騎士會給與豐厚的賞金，拍馬屁的俗諺就是這樣形成的。

露馬腳：無意之間將原本不欲爲人知的事件眞相，給洩露了出來，大家將它稱之爲露馬腳。爲什麼不稱爲露羊腳或牛腳？令人非解。經區區追根究柢，得到的答案並非眞正的馬露出腳。原來露馬腳一詞是「露出馬氏大腳之」簡略，源自明太祖朱元璋之妻馬皇后的一雙大天足。原來馬皇后出身平民，未曾纏過腳，嫁給當過牛倌做過和尚的朱元璋，朱當上皇帝後，封馬氏爲后。在那個時代，大腳女人會被人恥笑的。馬氏封后後一直不敢在公衆前面露腳，有一次馬皇后乘鑾轎外出，突然括來一陣強風，將原來蓋住雙腳的轎帘吹掀了起來，踏板上馬皇后的那雙大腳，赫然出現在想一睹皇后手采的民衆眼前。馬氏露天足的事件逐被傳開，以後凡指眞相暴露，均被稱作露馬腳了。

馬路：「馬路如虎口，行人小心走」，這則大家熟悉的交通安全標語，上面的「馬路」

兩字，與實際的路況並不相符，因爲今天的馬路上車來車往，根本就看不到馬的蹤跡，馬路應該是古語，古時沒有機動車，交通工具非馬即騾，即使有車也要靠獸力拉動。而其中又以馬的驕健快速，無論騎乘拉車必爲上選，君不是聽到過「車如流水馬如龍」的詩句？因此很多道路爲了適於馬的奔馳，開得比較寬闊，就因爲如此被稱作馬路了，今天的路上車還是如水，卻見不到馬如龍了，但路還是「馬」的。

馬殺雞；這句按摩的外來語，有一段時間非常盛行，無論是三溫暖、溫泉浴室、理髮廳等，都有這項服務。原本去馬一節的目的只是鬆鬆肋骨，解解疲勞而己。但什麼事情到了台灣，就會發生橘桔作用。因爲從事此業者大多數是女性，因此就延伸出什麼全裸服務啦，半套全套等等，與色情掛上了鉤，讓台灣男人爲之瘋狂。有趣的是原文massage的音譯，按字面來解釋，「馬」是馬子（女），被「殺」的男人卻變了「雞」，但令人叫絕的又是那個「馬」字。

馬上風；在報紙社會版上，三不五時就會看到男女幽會，男子興奮過度，突然氣絕死亡的新聞。這種飯炒了一半，因興奮或緊張引起的心肌梗塞，自古即被稱作馬上風（或馬上瘋），早年女孩子出嫁，做母親的都會給做新娘的女兒一根銀針，交待她在洞房花燭夜，如果新郎倌在興奮緊張中昏厥過去，立即用銀針刺他的臀部，把他刺醒，這招是否有效，未悉。而這種症狀被稱作「馬上風」，卻令人莞爾。雖然馬上風一詞自來已久，但卻又與「馬」子扯了了關係，馬上不就是在女人身上？古人也很幽默的。

馬不知臉長；這句譏笑人家不自量力的常用語，對「馬」來說是極不公平的，對使用者來說，也是極爲矛盾的。馬對自己的臉長不長，根本是不在乎的，何況馬不會像人一樣，去照照鏡子看自己的長相，而就是把牠牽到鏡子前面，牠也分不清鏡子裡面，是自己還是同類。所以牠絕對不會去計較誰的臉長臉短。馬根本就不會知道自己的臉長還是短。因此這句話你以爲用得對嗎？

馬趣甚多談不勝談，本文除最後一則是「眞馬」，其餘均「非馬」。馬年談馬趣味而已。

羊年漫談食羊

時序一入冬季，寒流一波接著一波，街頭的羊肉爐店生意特別興隆，吃羊肉在中國由來已久，羊屬六畜之一，早在西元三千年前的龍山文化起，中國人就已經開始馴養羊隻。故我國文字中，指味美的「鮮」字，是從魚從羊的，充分顯示水中之魚和陸上的羊，是美味之源。又《說文解字》中亦說：「美，甘也，從羊大。羊在六畜，主給饍也。」意即羊大而肥美，是上味也。羊肉又是冬令進補的上品，《本草綱目》記載：「羊肉益氣補虛，溫中暖下，治虛羸瘦是味甘、大熱的補品。」因此寒冬吃羊肉不但可暖身，更有進補食療之功效，欣逢癸未羊年新春，咱們就來談談美味的羊食吧！

據傳早在公元前一千年左右，中國的北方地區，就有人圈欄養羊了。因此至今北方人吃羊的歷史要比南方人早，吃羊的文化遠遠超過南方。冬天吃羊肉要算北京的「爆、烤、涮」最具北方的特性。蔥爆羊肉是羊肉烹調中的極品，薄薄的肉片加上蔥段，放進滾燙的油鍋中翻炒幾下，加上些胡椒鹽等調味料，的確是一道下酒又下飯的美餚，爆羊肉要油足、火旺、手腳快，是師傅火候的考驗。烤羊肉北方草原上是家常便飯，有整隻羊和切成塊烤的，筆者曾經在內蒙古准格爾旗接受「秀斯」之宴。「秀斯」爲蒙語，意即「烤整羊」，這種整羊席原爲蒙古族的喜慶大宴，因爲我們是兩岸交流中第一支訪問內蒙古的文學團體，受到當地文化界隆重接待。那天是採用爐烤式，一條肥嫩的大羯羊，在主人致詞及進獻哈達和從古代傳統習慣，以當前宴席內容的「秀斯詞」後，放在推車上烤熟了的香噴噴的肥羊，已出現在賓主前面。「秀斯」宴除了羊肉和沾料，沒有其它菜餚，一把刀用來割羊身上的肉外，就是大碗的酒，充分表現出草原民族大塊肉大碗酒的豪情。在北京吃烤羊肉比較斯文，但還是有些與衆不同的吃法，那就是烤肉的爐子是放在室外院子裡的，爐子上面有一鐵絲網，下面是熊熊的火，羊肉是切好的厚薄適當的肉片，沾上醬油等作料，放到網上烤，同時要用一雙長長的筷子，不時翻拌以免燒焦，因爲烤肉時是站著翻拌的，可以吃的時候也是用站著的，雖然沒有草原的曠野味，但多少也有些野宴的味道。在北京烤羊肉餐廳很多，我們是在什剎海一家叫「烤肉季」的回教館吃的。

涮羊肉在台灣到處都可以吃到，但是道地當然比不上北京，朋友說金魚胡同的「東來順」是涮羊肉最有名的，他們的羊肉來自內蒙的集寧，肉嫩片薄沒羊腥，但必須事先預訂。因爲高檔羊肉的貨源有限。朋友三天前已爲我們預訂了一席。當我們面對高聳著煙筒透著古拙的紫銅大火鍋，掀開蓋子一股熱騰騰的蒸氣剎那間瀰漫了一室，當切得像紙一樣薄的小羊肉，在滾湯中那麼一涮，那種保持著百分之百的鮮度，的確令人大快朵頤。再配一盅白酒，北京零下的氣溫下，準你吃得額頭滲汗，大呼過癮。

在北京當然不光這些羊肉的吃法。如「鴻賓樓飯莊」從羊頭一直吃到羊尾巴的「全羊席」，「月盛齋」的醬羊肉。都是值得一嘗的佳餚。但是吃羊肉泡饃則非去西安不可。我去過西安數次，幾乎每次都要到各個不同的泡饃店報到，因爲西安濃濃稠稠的西北風味，那股子鹹、酸、麻、辣、羶，只有在羊肉泡饃裡充分享受到。西安的羊肉泡饃，是用濃濃的羊肉清湯泡飥飥饃而得名。據傳係從古代朝廷中的「禮饌」演變而來的。泡饃的樂趣是自己用手掰饃餅，一塊塊放進湯裡，行家饃能掰到小如蜂首。不要小看單純的用饃泡湯，還是有很多講究的，如爐頭（廚師）要講究「以饃定湯，以湯調料，武火急煮，適時裝碗」等原則。而吃法也分爲多湯的「水圍城」，無湯的「乾泡」、少湯的「一口湯」以及湯中不泡饃、喝湯配饃的「單走」等等。而糖蒜、香油辣子醬等佐沾料更是不可或缺的。西安除了羊肉泡饃外，那裡的臘羊肉也是非常有名的。

其實除了北方人，南方人對吃羊肉也有不同品味，筆者少小時在十里洋場的上海，每天清晨弄堂口早已擺著一個羊肉攤，他們賣的是俗稱「羊羔」的白切羊肉，每天早晨買一份切得薄薄的羊羔，配一碗熱呼呼的稀飯，眞是人間美味。開放探親後數次回上海，這種羊肉攤已不再見，不料年前初春去浙江老家爲先父母掃墓，在一位初見面的表弟家裡再度嘗到此一美味，原來他知道我回鄉，特地宰了一頭羊，煮熟後將肉平鋪在木板上，放在戶外凍而不冰的露天下過夜，第二天就是鮮美無比的羊羔了。意外的收穫讓我一償童年美味的夙願。除此以外性喜旅遊的筆者，更在貴州吃過羊肉湯鍋、廣州的羊雜湯、海南島的東山羊肉火鍋、台中的燻燉羊肉等，這些都是當地著名的羊肉料理。

國外旅行吃羊肉的機會並不多，但澳洲和紐西蘭的羊排，其味之美令人念念不忘。有一次去中東旅遊，在約旦吃過一道叫 Mensef 的菜式，是以羊肉加酸奶烹調，鋪蓋在一大盆白米飯上，約旦人是用手抓飯吃的，大家也入境隨俗用手充筷，吃得好不自在，但也吃得津津有味。尤其是店主人以羊眼敬客，表示尊敬與歡迎，印象尤深。在土耳其我們吃過「刀削羊肉」的串筒上烤，再用長刀一片片地削下來，阿拉伯人喜歡將它放在包著乳酪的麵包上吃。導遊說這是中東第一美味，希臘人也吃烤羊肉串，但不同於我們熟悉的新疆維吾爾族人在街頭燒烤、當零食吃的烤羊肉串，他們的羊肉串是餐桌上的佳餚，羊肉切成四四方方地，中間串夾著青椒和洋蔥，常是一串烤羊肉配上一盤加馬鈴薯澆淋上辣辣濃汁的大米飯。雖然充滿著異國風味，但對台灣遊客來說，都只有淺嚐而無緣大快朵頤。

在異國吃羊肉，烹法特異而味道鮮美的只有在外蒙古哈爾哈林時，在顎爾混河旁的蒙古包裡，請來一位當地的老牧民，為我們做了一頓「黑石全羊」，所謂黑石全羊是將一隻現宰的肥羊，去頭去腳後切成八大塊，放進一隻帶有密封蓋的大不銹鋼桶內，再放入佐料和水，然後用大火將取自顎爾混河中大小不同的黑色鵝卵石，燒得通紅倒入桶中，將蓋子旋緊密封，經過約一個半小時的燜煮後，把蓋子打開，一股肉香立即瀰漫了整個蒙古包。蒙古包裡本來就沒有桌椅設備，大夥兒就圍著桶子，用小刀把帶骨的肉刺提出來，等稍涼即連撕帶割地吃將起來，這種羊肉配以酸酸的馬奶酒，眞是人間美味，草原一絕。

猴年戲說猴

今年是農曆歲次壬申，屬十二生肖中排行第九的猴年。雖然猴子生性靈巧又近似人類，然而在人類生活中，比起其他生肖中的動物，皮既不能裘，肉亦非美食，除了供戲耍之外，可以說是一無是處，當然也缺乏價值感了。因此，值此猴年來臨，要說一二句與猴有關的吉祥話，來應個景賀個年，就不如其他生肖來得容易了。因爲一般與猴子有關的成語，不是意含譏諷就是語帶嘲笑，如「心意猿馬」，「沐猴而冠」及「樹倒猢猻散」等等，所幸猴字與「侯」字同音，早在封建帝制時代，封侯晉爵是件何榮耀和夢寐以求的事。所以當時的猴子也因此而曾經風光過一段很長的時日，尤其每逢猴年，吉祥年畫上的猴子更是出足風頭，然而隨著時代的改變，賜官封侯已成爲歷史陳跡，猴子也失去了昔日風光，倒是最近某一電視食品廣告中，借用猴與「後」的諧音，利用「猴（後）來居上」的成語，作爲吉利年話，不失爲佳作。

全世界大小猿猴約有二百餘類，近年來因爲森林的大量砍伐，山地不斷開發，猴類的生存環境遭到嚴重要的破壞，再加上人類毫無節制地捕殺下，許多猴類已慘遭消滅或頻臨絕種的危機。因此許多國家都採取了保護措施，以免牠們在地球上逐漸消失，日本是保護野生動物最積極的國家之一，除了嚴格禁止捕捉殺害外，甚至在各項建設工程中，如果有礙野生動物生態環境時，也會不惜化費，另謀補救之道，如最近在興建一條橫貫九州地區的高速公路時，其中有部份路段經過一個自然動物保護區，阻隔了猴子們與另外一區的猴子聯繫孔道，於是特別爲牠們架設了一座專用天橋，以供二區的猴子交往，而且在橋上舖設了泥沙及種植雜草樹木，保持自然的風貌，可謂設想週到。但是保護政策有時也會帶來困擾，在新加坡原來也有一片郊區樹林中，聚居養著一群受保護的猴子，後來因爲在大量繁殖下，「猴口」大增，以致林內食物供需失調，猴子只好大批走出樹林覓食，造成嚴重的擾民事件，在沒有上上之策的情況下，政府不惜忍痛下令格殺，從此猴子就在星島絕了跡。同樣的情形也發生在日本，野猴在保護政策下大量增加，導致覓食不易而經常侵入民宅竊食。於是在一九七八年起，日本政府允許各鄉鎮每年在規定季節內，可捕殺一定數量的猴子。但是經過若干年後，雖然被捕殺一定數量的猴子。但是經調查野猴的數量依舊由一九七八年的四萬頭左右，增加到六萬多頭，捕殺政策並無法抑止猴子的繁殖，而大量捕殺下更會導致滅種之虞。於是由京都靈長類研究所在動物園內做了母猴裝置避孕器的實驗，結果不但避孕效果好，公猴也不減對母猴的「性趣」，因此決定由今年開始全面爲野猴裝置子宮環。同樣身爲猴族，生長在日本的就幸運多了。

在國人的觀念裡，猿、猴是一向不分的，如在台語中的一句「猿（音稿）三仔」，就統統包括進去了。其實猿猴還是有所差別的，猿大致是指人猿，長臂猿和猩猩。猿也是最早階段的人類，牠們住洞穴，會製造一些簡單的生產工具，北京人猿和爪哇直立人猿是典型的代表。英國生物學家達爾文的進化論，並認定人類是由猿進化而來的，因此有人將猿稱作人類的老祖先，猴子則不然。

猴子雖然在人們的心目中毫無地位，但是自從吳承恩的一部「西遊記」問世以後。猴子才大大地風光了起來，從花果山上的美猴王，到能一個跟斗翻出十萬八千里的行者孫悟空，再加上戲劇中刻意美化的造型打扮，小毛猴一步登天，成了人敬人愛的齊天大聖，並且還被請入寺廟，接受人們供奉朝拜，大概吳承恩在地下也會感到意外得不可思議吧！

說猴子生性頑劣，長相乖醜，人們除了豢養訓練耍猴戲外就一無是處，那倒也未必。自古我國養馬人家，就要在馬廄裡養些猴子給馬作伴，因爲猴子有時也被視爲是一種辟邪的動物，可擔當驅除邪魔的任務。又因猴性急躁，只要馬廄裡有所動靜，就會跳蹦著鼓噪起來，就是台灣話所說的「著猿勝（音）」，也因此上海人把頑皮搗蛋的孩子稱作「馬廄活猻」。另一說是孫悟空曾被玉皇大帝封過專職養馬的「弼馬溫」，「弼」音同「避」，「溫」音同「瘟」，「弼馬溫」就成了「避馬瘟」。在馬廄裡養猴子就是取這個吉利，這並不是猴子爲人類唯一的服務，在東南亞一些生產椰子的地區，都用馴猴攀到樹梢幫主人採摘椰子，經過調教的猴子還能辨認椰子的成熟度，絕不會把生澀的椰果摘下來。我國的海南島盛產金絲燕窩，因為金絲燕的窩都築在海邊的懸崖間，採摘困難而危險，島民就訓練了一群群的海南獼猴，背綁著袋子，攀爬到岩緣去採摘燕窩。

其實猴子替人服役之說很早就有傳聞，如福建安溪的名茶「大紅袍」，就是早年由靈猴身穿著紅袍，在武夷山的岩壁茶樹上採摘而得名。另外安徽九華山著名的「猴魁茶」，最初也是由一位叫王魁的茶農，驅使他訓養的猴子在九華山懸崖間的野生茶葉製成的，這些是否只是傳說，不得而知，但是猴子採摘椰子卻是筆者在南洋親眼目睹，絕非道聽塗說。

在今天，猴子也成了重要的觀光資源。峇里島的神猴森林，吉隆坡的黑風洞，檳島的猴園都是以成千上百不畏懼人的猴子作號召，吸引了大批的觀光客去遊賞，大陸的峨嵋山及印度的神廟也有會向人乞食的猴群，帶給遊客歡樂，在台灣也有一個規模不小的猴園，可惜園內都是些從世界各地採購來的猴子，新奇感有之，但缺乏自然感和地域性價值。台灣土產獼猴雖在森林大量砍伐及遭人濫捕下，數量大幅銳減，幸好獼猴的適應性很強，仍有不少遷移到更高更深的山林裡自謀生存。最近宜蘭的太平山森林遊樂區已在著手誘飼，每天以大批番藷放到獼猴經常出入之處，希望遷往他處的猴群再回返「老家」。而且儘量以友善的態度和牠們接觸，解除牠們和人類的敵對心障，然後營造一個人猴和平相處的樂園。我們殷切地期盼著，有一天能夠看到我們的孩子也有一個在自然環境中，持食物餵野猴的鏡頭。

因爲猴子的長相和動作極似頑童，難登大雅之堂，我們除了常常拿牠來作爲辱罵、嘲笑對方的象徵，如潑猴、瘦猴、著猴、猴急等外，往往也用作孩童的代名詞，如台灣的猴囝仔，南方人的小活猻，北方人的猴崽子，都是指頑皮的小孩，故舊時村塾裡的老師也被加上了一個「猢猻王」的封號了。

唯一慶幸的是肉並不鮮美，猴皮毛色平淡，既不以上桌爲美餚，亦不配裁製成華裘，更非冬令補品。因此猴子在我國比起其他野生動物的命運，要幸運得多了，至少山餐野味店的招牌上沒有生妙猴肉等等的菜名。但也非完全可以倖免，如在廣東這個無所不吃的地區，猴肉雖未必是桌上美味，而猴腦卻是一道特殊的珍品，據說他們的吃法還相當殘忍。待宰的猴子被緊緊捆綁著，猴腦袋從餐桌中間預留的洞口伸出桌面，猴子的二隻眼睛還在骨溜溜地張望著圍坐的食客，操刀的司務在衆目睽睽之下，先將亮晃晃的利刃在猴子眼前虛幌幾下，據說猴子最怕刀子，見了刀就會嚇得口瞪目呆不知所措，說時遲那時快，只見司務手上的刀用力一揮，猴子的天靈蓋就隨著刀鋒一閃，離開了腦袋，在司務掀去腦殼，倒入準備好的各色作料一攪拌後，食客們就可以用精緻的小銀匙，一瓢瓢地將尚溫熱的腦漿往嘴裡送了。這道菜的味道如何？沒有嘗過，無法交待，但是價格必然是相當昂貴的，所以吃者不但要有足夠的勇氣，也要有足夠的鈔票。猴肉雖無滋補功能，但是猴骨熬成膠，卻是一大補品，大概是牠的老祖宗孫悟空曾經在太上老君煉丹的八卦爐中，被烈火煎熬了七七四十九天毫無損傷，大家就認爲他的那把骨頭夠硬，熬成膠來吃，必然是大補而特補。幸好這二種吃猴方式並不普遍存在，不然現在的猴子只有像看恐龍一般，到博物館中看圖片模型，才能瞭解猴類的長相了。

你知道猴子在台灣還享有另一種「艷譽」嗎？那就是代表好色的男性，如男女偷情有人捉姦叫作「掠猿」（抓猴子），姦夫就是猴子。風塵女郎找到了一個富有的戶頭，那個凱子就成了「金絲猴」。也因此從事色情媒介的黃牛，也名正言順地被呼作「牽猴」的了。猴子眞的有那麼色嗎？天曉得。

猴年話耍猴兒

猴子，屬靈長類動物，也是最接近人類的動物，其生性聰明慧黠，善長模仿人類動作，雖爲野生動物，但卻極易馴服，尤其自幼飼養，更能善體人意，接受指揮和使喚，所以極早就被人類捕捉來飼養驅使，我國古代就有馬廏繫猴，使馬匹不畏辟惡和消除百病之舉。雖不及飼養貓狗那樣普遍，然而仍爲一般人所喜愛，尤其靠近山區地帶猴子出沒之區，早年我國大都務農爲生，秋收之後即有一大截的冬閒日子，這時候也是收成後酬神祭廟之時，到處都是廟會和野台戲，不久接著又是過年迎新，一連串的吃喝玩樂休閒活動，街頭巷尾、廟寺邊戲台旁都成了各式各樣街頭表演的場所。彈詞說書、打拳頭賣膏藥、變戲法拉洋片以及耍猴子狗熊的，好不熱鬧。莊稼人就把飼養的畜牲調教調教，跟著熱鬧擺場子耍耍猴子，賺些外快。不但打發了空閒日子，還開闢了財源，何樂不爲呢。這些人就叫做耍猴兒的。

早年的兒童沒有現在那麼多的玩樂，電視、電影、電動玩具、電視遊樂器以外，還有動物園、兒童樂園中的各種遊樂設施。那時候的孩子除了到田裡摸摸田螺、水塘裡抓抓泥鰍和鬥鬥蟀蟋，最高興的就是盼望廟會和過年了。那時候各種場子眞是樂歪了孩子們，在各種場子中最受孩子歡迎的應該是耍猴子的，因爲猴子頑皮精靈的模樣，本來就討好孩子們，何況又能在班主的指揮下，做出各式各樣逗趣的動作。

耍猴班子一般都是二人搭檔，除了主角猴子外，通常還要一條受過調教的狗和一隻羊作爲配角，另外是一隻盛裝道具的小木箱，猴子穿著大紅背心，用一條細鍊子拴著脖子。騎在班主的肩上，待到適當場子，就把木箱放置在場子上方的中間，二旁排開耍猴時的必須道具，如木製小獨輪車（後來換成小腳踏車），黃包車、鐵圈等等。首先由班主敲起小鑼，牽著猴子繞場一周，然後由猴子在場中作翻筋斗、跳躍、小狗追逐山羊等熱身動作，招徠觀衆。待觀衆人數到了一定程度，正戲就上場了。一般耍猴班的正常節目不外乎猴子翻跟斗、踩高翹、撐著洋傘走繩索、推獨輪車和拉洋車（後來改爲踩腳踏車或三輪車）。再加上小狗跳火圈、猴子騎羊等等，而耍猴子最主要的則是猴戲，所謂猴戲者是班主一邊敲著鑼，一邊唱著曲。曲中有一個個的民間故事中的人物，如蘇武牧羊中的蘇武、封神榜中的姜太公、三盜九龍盃的楊香武、刺頭審湯中的湯勤等等。每當班主唱到故事人物的名字時，猴就會去掀開木箱蓋子，拿出故事人物的面具掛在臉上，而且帶上各式帽子甚至披上袍服後繞場一周，逗得觀衆大樂。

耍猴的主要目的是討取觀衆的賞金，每當猴子表演一段後，就會拿起班主手上的銅鑼，向觀衆們要賞，在廟會或過新年時，大家口袋裡都不會無錢，尤其是孩子們壓歲錢和拜歲錢塞得飽飽的，只要一樂都不會吝嗇，而猴子也的確善解人意，敬禮作揖逗人發噱，如果賞金少了，猴子也會在主人的示意下，裝出一副可憐相或躺在地上不願繼續表演，待觀衆繼續賞賜後才繼續牠的表演。

耍猴兒在我國是一項古老的街頭技藝表演，清光緒二十六年由富察敦崇編撰的「燕京歲時記」中，有這樣的一段記載：「耍猴者木箱之內藏有的羽帽烏紗，猴手自啓箱戴而坐之，儼如官之排衙，猴人口唱俚歌，抑揚可聽。古稱沐猴而冠始指此也，其餘扶犁跑馬均能聽人指揮，扶犁者以犬代牛，跑馬者以羊易馬也。」看了這段描述，我們知道清代的京城裡亦有耍猴兒這種演出。可惜現在耍猴兒這種玩意兒已經成了歷史，街頭已經看不到猴子表演了。新年時可能在動物園中，偶爾可能看到一場猴子表演，但已經不是當年耍猴兒的趣味了。

雞年說雞

今年歲次癸酉，是屬於十二生肖中唯一的家禽雞年。雞與吉同音，因此雞是吉祥的象徵。雞又名司晨，牠的特性爲司晨報曉，所謂「雄雞一鳴天下白」，所以雞也是一直爲人類所歌頌的。猴年已去，這一年中雖然國家社會在安定中成長，然而也有一些不盡如人意的事情發生，希望在迎接金雞報曉新的一年，能去晦迎曦，爲國家社會帶來更多的朝氣和希望。

雞是德禽，韓詩外傳中說「雞有五德」，五德者：「首戴鳳冠，雍容華貴，文也；身披鎧甲，足搏距者，武也；敵人當前，奮不顧身，勇也；見食相呼，推己及『雞』，仁也；堅守崗位，守夜報時，信也。」雖然這僅是假借雞的特質，描述其「德」性，也算是牠的無上光榮了。

雞是農村裡常見的家禽，雄雞外表瀟灑威武，羽毛亮麗，內心重視榮譽，母雞外表一團和氣，內心充滿了母愛，常見其帶領著小雞覓食，一見到老鷹用雙翅衛護小雞的偉大精神，所以一般均以牠作爲慈祥的表徵。而法蘭西共和國甚至以雞作爲他們國標。也因爲如此雞被充作敬天祭神的牲禮之一。成爲年節不可或缺的主要祭品。

在計時器尚未發明及普遍前，雞鳴是唯一的報曉工具，而雞的感應極為敏感。一隻雞開始啼叫，左鄰右舍的公雞立即相互呼應，一時整個村子裡此起彼落的啼聲，形成一片拂曉交響曲，拉開了一天忙碌的序幕。雞鳴還帶著一種激勵和警惕，晉書「祖逖傳」中的「聞雞起舞」，留給後世有志之士一份及時奮勤的啓示。早年四川的一些客棧，喜歡在門口懸掛的燈籠寫著二句關切的叮嚀「未晚先投宿，雞鳴早看天」。因為四川多山如果錯過路頭，找不到投宿的旅店是很危險的，而清早聞到雞啼你應該在天一亮就趕路了。那年頭旅店早晨不作興叫起床，雞啼就是最準的鬧鐘了。

雞的肉嫩味鮮勝過一般家禽，因此就成了餐桌上最常見的佳餚，而雞肉又可調理出各種不同的菜式，小吃大宴幾乎都無不可，今天的土雞城一桌「雞宴」，的確讓人大快朵頤。雞又是家禽中屬於滋補的一類，無論是孩子發育轉骨、婦女生產做月、老人家身體虛弱等等，也都少不了什麼老母雞、童子雞、烏骨雞，燉雞湯、煮雞酒，還要加上八珍、十全、人參等等，甚至還有人把牠提煉成雞精作為補品，大發利市呢！

雞的種類和名稱甚多，根據我國明代學者李時珍所記，就有韓國長尾雞；遼陽角雞、食雞；南越長鳴雞、南海石雞、楚中傖雞、江南矮雞等等，其他如烏骨雞、竹雞、原雞、金雞、銀雞、珠雞、雉雞、秧雞、鬥雞、山雞等，再加上引進自歐美的各種蛋雞、肉雞和最近改良成功的無毛雞，洋洋灑灑眞的不勝枚舉了。

以前市場肉雞全靠農村供應，洋雞未大量引進繁殖前根本無飼料雞和土雞之區別，今天養雞已成爲企業性事業，大量飼料雞充斥市場，農村飼養的土雞也因環保水源等原因，數量大減成了搶手珍品。早年農村對於食用雞喜歡閹雞，因爲閹雞去勢之後完全沒有性慾，活動量減少肉長得肥厚鮮嫩，不過公雞經過閹割後雖然在體格上會更壯碩宏偉，但由於賀爾蒙的失調不但失去鬥志，而且雞冠萎縮啼聲也消失了。因此閹雞就成了虛有其表的代名詞。幾年前台大教授張曉春將台灣的工會稱作「閹雞工會」，就是形容其大而不當虛有其表的意思，當年曾引起工會人士的反彈。今天民間養雞之風漸消，背著布袋吹著尖銳竹笛，穿梭在鄉間農村的閹雞司務亦銷聲匿跡了。

雞除了食用、產蛋、觀賞之外，也可當作競技工具，那就是鬥雞以雄雞爲主，並以腳高、喙長、爪利爲上品，經過飼主經心調教，訓練成爲鬥雞場上驍勇善戰的鬥士。鬥雞在某些地區只是一種娛樂競技，有些地區則用來招徠觀光客的表演，但仍有許多較落後的地區以此爲賭博的工具。

除了上述各種雞與人類的關係外，在我們的生活言辭中，與雞搭上關係的也非常多，如常用成語中的「金雞獨立」、「呆若木雞」、「殺雞儆猴」、「雞皮鶴髮」、「偷雞摸狗」、「雞犬不寧」、「雞鳴狗盜」、「鶴立雞群」、「聞雞起舞」等，在日常用語中如「嫁雞隨雞」、「如嚼雞肋」、「殺雞何須牛刀」、「偷雞不著蝕把米」、「黃鼠狼給雞拜年」、「拿著雞毛當令箭」。又如俗語、口語中的「雞皮疙瘩」、「雞眼」、「雞母皮」、「雞婆」、「噴雞歸」。而胸骨突出的畸形病態稱爲「雞胸」，肛交稱之「雞姦」、阻街女郎稱爲「野雞」，都是從雞的生態習性上假借過來的，而違規營業的車輛被稱之謂「野雞車」，大概與抗戰期間「黃魚車」沿途拉客有關吧！另一則「鐵公雞」含有慳吝小氣和大打出手二種意義的常用語，前者爲某吝嗇者的綽號，含「一毛不拔」之意，後者爲太平天國洪秀全陣亡部將之姓名，後人改編成國劇劇碼，上演時台上武打場面激烈，故被用作喻大打出手。

去年十二月大選剛過，在台灣每逢選舉往往會出現候選人「斬雞頭」的造勢作秀活動。在我國神道信仰中，均視雞血能避邪驅魔，所以在民間的道場祭典中，常常會出現斬雞頭灑雞血的除邪場面。後來民間組織如幫會社團在舉行儀式，排解糾紛時，亦均以斬雞頭灑雞血昭告鬼神，視爲誓約、見證、澄清之警戒作用。

雞頭也是台閩地區年終老闆對員工去留的示意，每在吃尾牙的時候以雞頭的朝向暗示去留，這種和平而富人情的雇傭關係，較之現在勞資之間充滿敵意，相互爭執，要理性得多了。而雞頭卻扮演了一個重要的角色。

又是鑼鼓齊響爆竹喧天，送猴年迎雞年的歡樂春節。「雞」在台語中與「家」同音，在新年新歲敬祝大家「起家」吧！

雞年談雞的趣文

今年歲次癸酉屬雞，韓詩外傳中說：雞有五德」，故又稱「德禽」。五德者有文曰：「首戴鳳冠，雍容華貴，文也，身披鎧甲，足搏距者，武也。敵人當前，奮不顧身，勇也。見食相呼，推己及『雞』，仁也。堅守崗位，守夜報時，信也。」如此讚頌，雞之偉大非一般人所能及了。

以上是對公雞的讚詞，對於母雞，因爲其外表一團和氣，帶小雞時又倍加親切善爲照顧，充滿了母愛。因此常常被視作慈祥的表徵。但是相傳明朝才子唐伯虎有一篇相反的而且充滿了趣味的「祭母雞文」，文曰：「頭上無冠，不報四時之曉；腳跟欠距，難全五德之名；不解雄飛，但求雌伏，汝生卵、卵復生子，種種無窮；人食畜，畜又食人，寃寃何已？若要解除孽，先必割去本根，再以波羅香水，揭去表面皮毛，次運菩薩慧刀，剜去心腸肝膽。咄！香水源源化爲霧，鑊湯滾滾成甘露，飲此甘露乘此霧，直入佛牙深深處，化生波國極樂土！」此祭文雖爲遊戲文章，然可瞭解「德禽」者，唯公雞才有資格榮膺。

另外還有一篇與唐伯虎「祭母雞」文同出一轍，似乎天下之雞均非宰而食之不可，文曰：

「汝靈禽，非走獸，風流事，誰沒有，理應暗地偷情，那許當場弄醜。若是依律問罪，應該笞杖流徒，未經同意強姦，更應罪加一等，如再放蕩不羈，殺來給我下酒。」這篇假借雞有大庭廣衆宣淫之特性，大張伐韃還要「依律問罪」，但最後露出了尾巴，原來是要一快口慾「殺來與我下酒」而已。

咏雞的趣文中，有一首寶塔詩亦頗見作者匠心，文曰：

雞
羽衣
月壤一
督促祖逖
焉用牛刀祭
偷不著蝕把米
風雨如晦鳴不已
廚司包紙乞兒裹泥
獨畏黃鼠狼恭賀新禧
肋骨雖無味棄之又可惜
何物後裔生蛋蛋生猶成謎
別號司晨催人起惜時寓深意

寶塔詩從第一行的第一個字開始，逐行增添一字，此詩共十二行最後一行爲十二個字，橫排就成爲上尖下寬之寶塔型，此詩之妙爲自第一字「雞」開始，後十一行都有一與雞有關之典故，而「雞」字都被巧妙的隱去，如孟子滕文公中的「月攘一雞」，晉書中的祖逖聞雞起舞，論語陽貨篇中的「殺雞焉用牛刀」，俗語「偷雞不著蝕把米」，詩經齊風篇中的「風雨如晦，雞鳴不已」，菜餚中的「叫化雞」，歇後語「黃鼠狼給雞拜年」，三國志中的「夫雞肋，棄之可惜，食之無所得」，甚至被爭執甚久的「先有雞還是先有蛋」都被用上了，最後雞的別號「司晨」亦被用上，妙極。

在新年裡滿街都是春聯，但以雞爲主題的卻鮮爲所見，這裡有一付早年某雞行所張貼的春聯，撰者口氣宏壯，佳作也。聯爲：

想平生鬥武的雄心，五德那甘儕眾鳥，

等世界天明時開口，一鳴何怕不驚人。

狗年來說狗

隨雞年的辭去，狗年於二〇〇六年降臨，狗在我國原屬低賤動物，不若牛馬的可驅使工作，也不如雞鴨豬羊的可作供祭、餐食。因此一提到狗，言詞之間均帶不屑之貶意，如「狗頭上插不得金花」、「狗肉不能上稱」等等。尤其不堪的是人類常用牠來相互侮辱，如「狗仗人勢」、「狐群狗黨」、「狗頭軍師」、「狗眼看人低」、「好狗不擋道」、「狗奴才」、「狗腿子」、「看門狗」等等。

因爲狗天生喜歡吃人的糞便，古早一般狗就是靠吃屎長大的，記得小時候鄉下孩子大都是隨地大便的，當屎拉完，大人就喔嚕嚕地呼喚狗來善後，狗狗們也樂得飽餐一頓。現在的狗命好，餐餐美味的狗食、飼料，可惜一聞到大便，還是趨之若鶩，因此我們罵人惡習難改時，常用一句「狗忘不了吃屎」。其實狗也是肉食者，肉骨頭是牠的最愛，當然肥中帶瘦的更是來者不拒，如果你把錢借給債信極差的人，結果血本無歸，這就叫做「肉包子打狗」，有去無回了。也因爲狗愛吃人屎，經過再消化排洩，臭上加臭，當然是更不堪一聞了，因此對不屑聽聞的事件，就都成了「狗屎」，俗語說「好鞋不踏臭狗屎」，多討人厭。甚至連不願聽的話，也變了「放狗屁」，或「狗屁不通」了。其實人的話多了，狗也是會討厭的，你有沒有聽過「好話三遍，連狗也嫌」這句話。上帝創造萬物時，除了人沒有給其他動物一點羞恥感，因此狗狗們往往「性」之所至，就在大街上做起愛做的事，並不避諱大庭廣衆。故對男女之間發生了不正常的關係，也就以「狗男女」稱之了。

人的行事作爲，常常也可以拿狗來貶損的，如你喜歡管管閒事，幫了人家個倒忙，可能成爲「狗拿耗子」。或許你人輕言微，卻愛提些不被重視的建言什麼的，不就是「狗吠火車」了嗎？但是出言不遜或滿嘴髒話，也會被人譏爲「狗嘴裡長不出象牙」，連罵帶損夠絕了。一個人因時運不濟，遭人凌辱欺侮時，人們照理應該同情才對，但卻被稱之爲「打落水狗」，實不夠厚道。台灣俗諺中有一句「疼某大丈夫，打某豬狗牛」喻對妻子施以拳腳者，形同畜牲。國語也有「好漢不打妻，好狗不咬雞」的說法。

一般都認爲狗是勢利者，如對「西瓜靠大邊」之流，我們就會說「狗朝屁走，人朝勢去」，又有「狗咬破衣人」之說。但狗往往也得依靠主子，才不致被看扁，如「打狗看主人面」，當然狗也要有「好狗命」，如第一家庭中的勇哥，經常可在媒體上亮亮相，知名度幾乎是家喻戶曉。又如那條一身白黑點的大麥町，上了電影「一〇一忠狗」，就名聞天下了。因此成爲寵物的愛犬，勢必要提高身價，狗醫師、狗旅館，美容、美食、服飾等成爲時尚，所謂「狗瘦主人羞」是也。

同是四腳落地的獸類，狗與老虎常被人們用來作貴賤高低的象徵，「如畫虎不成反類犬」，「虎門無犬子」等，其實也不盡然，有時狗也有出人頭地的一天，如「虎落平陽被犬欺」，及無論你如何權高位顯，稱自己的兒子都得說「犬子」是嗎?這終算給咱們狗狗出了口氣。

這年頭景氣低迷，失業率高，社會上出現了一股自殺風。其中要以諧星倪敏然上吊自縊最爲轟動，所謂「人急懸樑，狗急跳牆」是也。其實現代建築鋼筋水泥，早已沒有大樑，公寓大廈亦無籬圍，自裁流行燒炭，狗急了就只能跳窗跳陽台了。

今年歲次丙戌，等了十二年的狗狗當值，所以今年出生的娃兒，一律生肖屬狗，據說早年有些地方，人們不大願意說自己屬狗，美其名曰屬「無角羊」，眞虧他們想得出來。就像早年冬天，小街陋巷裡有小鋪子掛上一隻羊頭，大家都知道這裡有香噴噴的狗肉，「掛羊頭賣狗肉」，羊成了狗的「狗頭」，現在狗肉美其名爲香肉，羊頭也退位了。其實在狗狗普遍身價提高的今天，人的生活也大大改善了，家家抽水馬桶，處處公共廁所，狗狗想吃屎也無屎可吃，何況成了寵物，養尊處優早非昔日低卑畜牲。甚至無主飼養一身瘡痂的癩皮狗，也不得稱爲野狗，要與人類社會的流浪漢看齊，尊稱爲流浪狗，而且到處都有流浪狗之家收容，供吃供住沐浴治病，有些人都沒有這份優渥待遇。近年來更上了一層樓，連專事跟蹤挖掘名流新聞的記者們，也以你爲榮，被稱作「狗仔隊」了。本來狗狗也不是光會看看門的，你不是看到有獵犬、導盲犬、牧羊犬、警犬等等以及拉雪橇，緝私查毒的工作犬嗎。

韓國人食狗肉是天下聞名的，據說一年被吃掉的貓狗超過二百萬隻。因此狗生在韓國是很不幸的。但是也有其幸運的一面，是韓國人喜歡以狗來作地名，據南韓地名協會調查，全國有二千四百十四個地名，與狗有關。這些村子、岩石、嶺，峽谷裡有四百三十七處叫「狗岩」。三百零四處叫「狗嶺」，二百九十八處叫「狗谷」，其他如「狗頭山」、「狗河」、「狗堡」、「狗頸嶺」、「死狗山」和「狗爬嶺」等不勝枚舉。

俗云「狗來富，貓來窮」，希望今年這條狗，給大家帶來好狗運，國富民安。吵吵鬧鬧的雞年遠去，忠義顧家的狗年到來，雞犬分道。希望不會再有「雞飛狗跳」，「雞犬不寧」的亂象。

狗年漫談吃香肉

其實中國人自古就吃狗肉，禮記注蔬中就有這樣的記載：「犬有三種，一種是守犬，看守房舍；二是田犬，是狩獵用的，第三種是食犬，專供人食煮來吃的」。又載：「食狗肉，就像吃牛肉」。由此可證中國人愛吃狗肉已經由來已久。

在我國吃狗肉的地區以兩廣爲最盛行，不但大小餐館可以吃到，還有專以狗肉爲主的小吃店，連菜市場中都可以買到整隻活的肉狗和宰好的生狗肉。狗肉味美，加上兩廣人士對狗肉烹調有法，更使人聞香垂涎。故當地有句俗語說：「狗肉滾三滾，神仙站不穩」。

廣東人吃狗肉的方式甚多，如煨、炸、紅燒、炒等，其中以煨小狗之味最佳，而做法也較特殊而費時。一般都是自家煨食，餐廳食堂中並無這道菜。廣東婦人生產後也喜歡用幼犬進補，就像本省產婦以痲油雞來補回生產時體力消耗一樣。幼犬肉香嫩無比，筆者早年有鄰居沈老太太，係廣東梅縣人，入冬必食狗肉，他先覓妥初生小狗，關在小木舍中飼養一個多月，然後宰殺加上香料與豬腳同煨，因其用傳統的粵人烹狗法，其味道的確鮮美無比。沈老太太過世後，此味就成了絕響。

韓國人的食狗是世界聞名的，在韓國大小城市的街頭都可以看到賣狗肉的店鋪，據統計資料顯示，韓國人一年要吃掉二百萬貓狗，記得一九八九年韓國總統盧泰愚到英國訪問時，倫敦一千多名愛護動物者，浩浩蕩蕩趕到唐寧街十號，向當時的首相佘契爾夫人呈遞了一份簽署著「狗爪印」的請願書，抗議韓國人宰烹狗貓的殘酷行爲。其實韓國在前一年（一九八八）漢城（今稱首爾）舉辦奧運時，已嚴格禁止街頭出售狗肉供食的店鋪。韓國人吃狗肉最令人反感的是宰殺之前加諸這些可憐動物的凌虐殘酷的方式。因爲韓國人認爲動物臨死前的痛苦和恐懼，會增加肉質的鮮美。所以他們通常是在宰殺之前，先用棍子狠狠地將狗打一頓，然後再吊死，有時甚至活活的放進滾水中燙死。

因爲韓國人嗜食狗肉，因此聚居在我國東北邊境，百餘年前潛渡圖門江進入東北拓墾的朝鮮族，也是我國境內一支聞名的吃狗族。在延邊朝鮮族自治州的首府延吉市內，到處可以看到掛有「狗肉」市招的餐廳，而從延吉市往圖門市的途中，有座鎮南市場，就是一座專門供應狗肉的集散地，攤案上一列排開，幾百條去了毛宰好的全狗，供顧客選購，只見人們將中意的狗屠體買下，捆綁在腳踏車後座，載回家去大快朵頤。有些人不放心宰好的屠體，就到另一邊整排籠子裡選活的，選好了付過錢牽了就走，回去自己宰。就像我們在市場裡買雞一樣。其實到這裡買狗肉的不完全是朝鮮族，漢人也不少。因爲東北氣候寒冷，除了朝鮮族自治州，其他各城市中也有不少出售狗肉的餐廳，但是朝鮮族吃狗肉是不分季節的，冬天吃，夏天也吃，高興起來炎熱的三伏天，照樣燉土一鍋，配以香辣的白酒，大吃一頓。

台灣在早年甚少人吃狗肉，自從民國三十八年（一九四九）大批各省人士撤退來台後，吃狗肉之風也被帶了進來，但是政府和有識人士並不歡迎此風之成長，甚至下令禁止出售狗肉，但成效不彰，聰明的商人自有門道，於是寒風一起，街上就出現了倒掛寫著「香肉」的塑膠水桶，有人甚至乾脆在店門口掛上一個羊頭，告訴你這裡掛的是羊頭，賣的是狗肉。在台灣「香肉」成了狗肉的代名詞，的確雅得多了。

我們小時候讀三字經，裡面有「稻粱菽，麥黍稷，此六穀，人所食。馬牛羊、雞犬豕，此六畜，人所飼」。似乎老祖宗告訴我們這些都是人可以吃的。所以中國人吃狗肉也成了理所當然，而且還吃出了一套狗肉學問，什麼一黑、二黃、三白、四花。黑毛乳犬最宜產後婦女，狗肉燉何首烏可以補腎，雞蛋放在狗肚子裡煮，可以治瘧疾等等。

吃狗肉者未必是市井小民，官拜太子太傅的清道光進士李鴻章，在出使英國時，為感激曾援助他討伐太平天國的已故英國名將戈登．特在抵達倫敦時，前往戈登墓地拜祭。戈登家屬為表示感激，送了一條名犬給李鴻章，結果被李鴻章烹而食之，還修書向戈家道謝，大贊狗肉鮮美。一時轟動倫敦外交界，成為一大笑柄，可見狗肉也是達官貴人們的所愛。

在中國也有許多民族是忌吃狗肉的。台灣原住民就是忌吃狗肉的民族，因為原住民早年都是以狩獵為生活的來源，狗是上山狩獵時的良伴，也是最佳的助手，平時也是寸步不離的好友，所以原住民吃遍飛禽走獸，卻不吃長年陪伴著他的狗伴。滿族人也是忌吃狗肉的民族，相傳清太祖努爾哈赤在發跡前，曾經被鎮守遼陽的明朝總兵李成梁追殺，當時全靠他身邊的一匹大青馬，一條大黃狗和一隻烏鴉，以及給他通風報信的李成梁四姨太太的幫助，才得以脫險，所以滿族人是不吃狗肉的，而且到滿人家做客對不歡迎人家戴狗皮帽子和拿狗皮鞭子的。另外還有仫佬族人也不吃狗肉的，相傳仫佬族的祖先中有個勒殿的，生下來三個月母親就過世了，在沒奶沒人照顧下，餓凍得不能動彈，他父親以爲他已經死了，就把他丟在一個狗窩裡，然後到鄰居處找人幫著去埋葬，不料回來時，孩子睡在一條大母狗的肚子下，靠狗的體溫暖和下甦醒過來了，而且小嘴還在拚命地吸吮著母狗的奶頭，勒殿的父親看到此情，認爲這條狗是天神派來救勒殿的，從此就讓勒殿吃狗奶長大，母狗死後，勒殿爲了報答哺育之恩，爲牠修了一座墳墓，並囑咐子孫，今後世世代代不得吃食狗肉。散居在湖南、廣東、廣西一帶的瑤族也是禁食狗肉的。在瑤人的傳說中，古時曾有一條龍犬槃瓠，因幫他們祖先咬殺敵人的首領有功，得娶公主爲妻，他倆遷到南由隱居，在山中生下六男六女，並相配成夫妻，各得一姓成爲瑤族的「十二姓盤瑤」的來源。後來槃瓠上山狩獵，被山羊觸撞落崖而亡，其子女剝山羊皮製成黃泥鼓，敲打祭奠其父，並代代相傳禁食狗肉至今。

狗肉也有節，你相信嗎?在廣西靖西、隆林、德保等地的一帶的壯族，每年的農曆二月二十二日或五月初五，都要過「狗肉節」，壯族人認爲狗有揚正祛邪之靈，這二天相傳是牠顯靈的日子，所以當日吃狗肉能保佑身體健康，延年益壽。因此定這二天爲「狗肉節」，家家屠狗過節，吃狗肉保身，貧窮養不起狗的人家，也要趕到市場買幾斤狗肉回來煮食，歡度佳節。

狗肉味美而香，食過著往往讚賞不已，因此引起不吃狗肉者的嫉妒，說因爲狗是吃屎長大的，所以狗的肉特別香，這是罵人的話，現在家家戶戶都裝了抽水馬桶，狗早就沒有屎可吃了，所謂「狗改不了吃屎」的話也早已不符實際了。

諸事大吉話肥豬

民國八十四年（一九九五）歲次乙亥，今年出生的寶寶生肖都屬豬。豬爲人類馴養之家畜之一。與馬牛羊狗雞併稱六畜，據文獻記載，人類畜養豬的歷史至少已有五千六百至六千零八十年間。但是不久前考古學家在桂林市南邊發現的甑皮岩洞穴遺址的地屋內，挖掘出來的大量動物的骨骼中，有六十七個豬的骨骼，這些經鑒定年齡約在十八個月至一歲的豬骨骼，是屬於距今一萬年前原始母系群居社會階段，人類所馴養的。這把我們老祖先們具有馴養豬的活動意識又推前了許多。因此我國也成了世界上養豬最早的國家。

大概是豬的長相、行動、進食等的形象並不爲人們喜愛，因此凡是最醜陋的都歸諸於豬，如懶得像豬，醜得像豬，髒得像豬，笨得像豬，胖得像豬和饞得像豬等等。甚至連好色之徒亦與豬劃上了等號，如豬八戒和豬哥等都是色鬼的代名詞，台語中對急色鬼的形容是「豬哥涎涔涔滴」。

其實人類加諸豬身上的醜陋是極不公平的，豬除了體軀肥胖、四肢短小、鼻面短凹，耳大下垂（亦有尖而豎立的）外，其實豬並不笨也不髒，因爲豬的汗線不發達，極怕熱而喜泡在水中散熱，早年豬並非圈養而採自由放飼。所以不免到淺沼或泥淖裡浸滾減低體溫。這和水牛在泥巴裡浸泡有何不同，怎能獨指牠髒。而豬性溫馴，體強健而適應力強，雖飢而不擇食都是牠的優點，其實長久以來豬與人的關係比任何動物都來得密切，豬肉除了素食者和回教徒外，是國人的主要肉食，消耗量極爲龐大。而豬的全身幾乎都可供給人類的生活所需，如豬鬃可以製作刷子，豬皮可食用也可製革，因爲結構緊密，耐折、耐磨和透氣性能良好，是革製品廣泛採用的原料。近來豬皮更被用於灼傷的治療上，效果奇佳。豬血是普遍受一般人喜愛的廉價食物，如豬血湯和豬血糕等，而豬血的另一重要用途是染魚網，經過豬血染過的魚網，可加強抗海水腐蝕的耐性。豬肉和豬的內臟更可以經過各種方式的烹調，成爲餐桌宴席上一道道的佳餚。其他如骨頭可以熬湯作肥料，豬油則爲烹飪必需外也是工業原料，豬對人類的奉獻可以說是毫無保留的。

豬是祭祀供祭品的主角，無論是三牲、五牲均少不了豬，一般用豬頭，大拜拜則用全豬，尤其台灣風俗拜拜中豬公是少不了的，有些地方還要舉行豬公比賽，而豬公得獎風光當然屬於飼主，於是在拜拜之前頭家爐主們飼養參展的豬公著實要費一番功夫，如選擇長得快迅而能長得特肥的種豬，然後給予特選的飼料，特建的豬欄，冬天裝暖氣，夏天電風扇加冷氣，餵啤酒，怕蚊子叮還要吊起蚊帳。眞像服侍老太爺一般。而豬公一般可以養到一千台斤以上，只見牠扒在地上，成了一堆連站都站不起的肉球。記得年前報載，英國有一個養豬者，就是將一頭豬養得過肥，妨礙了牠可以自由行走的能力，被法院以保護動物法中虐待動物條文，判了幾個月徒刑，如果台灣如此，大拜拜就看不到豬公了，多煞風景。

因爲豬不太受人歡迎，除了被用作嘲笑式的外號如「胖豬」、「肥豬」外，正式用作名號上的並不多見，但並非絕對沒有，筆者在某山村裡曾碰到過一位叫胡山豬的先生，而演藝界則有一位以主持餐廳秀聞名的豬哥亮。最近又出現了一位叫豬頭皮及小豬的，硬是不讓豬哥亮專美於前。在台北基隆路世貿的對面有一家鐵板燒叫做「豬天堂」，在台北可能是絕無僅有的吧！

在文前提及過的以豬代表醜陋外，在罵人語中也有些借豬發揮的，如豬頭豬腦，豬八戒、豬頭三、豬相等等，至於豬八戒吃人參果和豬八戒照鏡子等都是屬於俏皮話之類了。

早年環保意識尚未爲人們重視養豬是農家普遍的副業，因爲農家養豬主要的是供給屠戶宰殺的肉豬，因此這些豬只准增肥長肉，不作繁殖傳衍的，所以小豬到一定時期必須施予閹割，使其失去生殖能力，當然也不會發情或找異性發洩，至於繁殖下一代的任務是由專門生小豬的豬母去負責了。一般農村的養豬戶都只養母豬，公種豬則有專門從事這種行業的人飼養，他們往常手拿一根趕豬的細竹子，跟隨著俗稱「豬哥」的種豬，從這一村趕到那一村，靠豬的交配收取酬金，從事這種行業者一般都叫他爲「牽豬哥」，因爲他不必具備任何知識技能，也不需付出勞力和心力，而且他的收入來源，往往使人和社會上一些靠風塵女郎吃軟飯的男人連想在一起，所以這種職業是屬於低卑的一類。現在環保意識高漲，養豬會造成極大的污染，所以農村的養豬副業已逐漸消失了，也因此吹著哨子的閹豬仔和趕著種豬的牽豬哥者都消失了。

明代的吳承恩以唐僧取經的故事寫了一本膾炙人口的「西遊記」，在這本神話小說中，作者創造了許多妖精鬼怪型的人物，其中力大無窮原名豬剛鬣的豬八戒，被塑造成天界的天蓬大元帥因罪被謫，誤投豬胎的豬八戒。給這個除了供人食用外百無一是的豬，大大抬高了身價，可惜書中的豬八戒依舊是一個好吃懶做、貪圖女色、喜進讒言，好用小手段沾便宜的角色，並沒有讓牠在人們的心目中改變形象，反而因爲牠的貪圖女色而成了色情的象徵。幾年前警方在板橋地區破獲一個應召站，裡面供奉著一尊他們的祖師爺，居然是這位天蓬大元帥，這大概是豬的最高榮譽了吧。

在《三字經》中「人所飼」的六畜，馬、牛、羊、雞、犬、豕都是十二生肖中的成員，但馬的精神、牛的勤勞、羊的溫馴，雞的守時、狗的忠義都是人們所喜愛的，然而敬陪末座的豬卻並沒有受到同樣的歡迎。屬豬的新生兒絕對不會像龍年生的孩子，能讓父母如眞的生了一個眞命天子般的高興，連傳播界亦極少拿牠大做文章的，今年報上出現了一個「諸（豬）事大吉」的文案，眞虧他們想得出來。

其實豬並非一無是處的，在我們的鄰國南韓，豬是財富的象徵，是好運的徵兆，在我國以豬爲名的地方也不多，據筆者所知在南部有一個叫「豬哥寮」的地名外，不知其他地方還有沒有。但據最近的資料，在南韓像豬谷、狠豬場、豬島等以豬爲名的地方多達二千多個。其實在我國自古就以養豬爲積少成多，勤儉節約，儲蓄致富的代表。國人自古即有節儉的美德，而養豬是早年農付最佳的生財之道，亦爲農家最佳副業，因爲豬是雜食動物，幾乎什麼都吃，所以廚房裡的淘米水和膹菜膹飯都是最佳豬食，而蕃藷葉，米糠等剩餘農產物也是主要飼料，而豬易飼快大也是農村婦女的最愛。因此我們看到自古孩子們儲存零用錢的撲滿，大都是胖嘟嘟的可愛小豬。這就是豬代表財富和好運的證明。

又是豬年來臨，祝大家豬（諸）事大吉，財富越聚越多。

屬相談趣

十二年一輪轉的龍年，即將在已己年的到來而遠離，因爲龍在我國不但是帝王的象徵，也含有超越群倫的意義，所以一般人都希望能趕在龍年生個龍子龍女，讓他們長大後可以出人頭地。雖然根據最近的一則統計指出，當今政壇位居顯要的首長中，屬龍的比例低到幾乎近於零，但是許多人對這一個相傳幾百年的古老觀念，仍舊深信不移，把命運和屬相連繫在一起。在科學昌明的今天應該是屬於一種愚蠢和荒唐的想法，可是傳聞中仍有懷孕足月之婦人，在龍年將至之前去問醫求藥，希望產期延後，而在龍年年尾，也有預產期未到之孕婦，準備到醫院請求作剖腹生產，讓小生命早幾天降世，好抓住龍的尾巴，由此可見還是有人很在乎孩子們的屬相的。雖然這種做法不值一笑，卻也凸顯了「望子成龍」的天下父母心。

把自己的命運前途和自己的屬相繫在一起，可以說是自古以來就有的，當然因此也有了許多禁忌，如屬蛇的不打蛇，屬狗的不吃香肉等等，這只不過是一般人的作爲。古時有些帝王之輩，更重視有加，如宋徽宗之因爲屬狗，曾下令「禁天下殺狗」，當時的太學生們曾譏諷道：徽宗之父神宗屬老鼠，「何不禁天下養貓」？元仁宗因爲本身屬雞，所以在大都城內禁止倒提雞，凡買賣雞的不論死活只能抱雞而行，這種愛屋及烏的作法倒符合了今天愛護動物者的主張，連死雞都不准倒提，當然是屬雞者位於至尊，所有的雞都是象徵著他，也就不准有所凌辱了。明朝的武宗皇帝因爲屬豬，有鑑於豬被百姓養來宰食，有辱皇帝，於是一聲令下，禁止人們畜養豬，一念之間全國的豬幾乎絕種。清朝末期的慈禧太后對自身的屬相更爲注重，也因此所作所爲更有過之而不及，因爲她屬羊，羊是虎的美食，怕自己落入「虎口」，於是宮內凡接近她的宮女或太監，有屬虎的一律以杖責後驅逐出宮外。在其居住的頤和園附近，原來有一座叫「六郎莊」的，因爲「郎」「狼」同音，狼之凶猛並不遜虎，一羊對一狼尚且難敵，何況六「狼」，於是一道懿旨，「六郎莊」就改爲「太平莊」了。

以上這些傳聞，看來都近乎可笑，但可證明國人對屬相的重注，而這些遺風卻仍在某些地方或人們的生活中流傳著，明年是蛇年，當然沒有人會趕著去刻意製造一些「蛇子蛇女」吧？